# 天府成都

Jack Quian

Chengdu: A Paradise City

蘭臺出版社

天府成都

# 目録
## CONTENTS

### 一座熊貓情結的城市

大熊貓是大自然對成都的厚贈，
也是成都最好的名片和商標……

P006

### 一座快樂休閒的城市

錦里很中國，也很成都，讓你感受
到一種現實和歷史的時空交匯……

P050

### 一座唇齒留香的城市

要想真正讀懂成都，
你必須用“口”去品味……

P098

### 一座茶香四溢的城市

茶館之與成都，彷彿酒吧之於巴黎，
咖啡館之於維也納……

P130

## 一座歷史流芳的城市

三千年的風雨滄桑，
造就了這座城市豐厚的文化底蘊……

## 一座被水滋潤的城市

因為水，成都才有了這樣的品性：
閒適、寬容、奮進……

## 一座風情萬種的城市

這座城市的性格，像霧一樣充滿了
迷離而又柔情萬種……

## 一座夜色美麗的城市

酒吧是年輕人的第二客廳，
滲透着城市脈絡的生活情緒……

## 一座難説再見的城市

成都已刻為我心中的影像，
她牢牢地抓住了我的思念……

# 一座熊貓情結的城市

城市
IONGMAO
DE CHENGSHI

大熊貓是大自然對成都的厚贈，也是成都最好的名片和商標……

　　1936年春天，一個叫露絲‧哈克尼斯(Ruth Harkness)的紐約
服裝設計師、一個曼哈頓的社交名媛，在位於紐約上城的公寓裏，
展開一張英國皇家軍隊作戰部繪製的中國地圖：她的手指從上海
沿着長江向西慢慢地移動，仔細尋找着一個城市。她剛剛去世的
丈夫比爾——一位出色的探險家，告訴她：那座城市就在長江盡
頭的不遠處，在青藏高原的東部邊緣的一個盆地裏……

　　七十年後的又一個春天，我和丹尼在Google上打出這個城市
的名字，電腦屏幕上展現的是近三百萬個條目……

　　這座城市的名字叫"Chengdu(成都)"，面積1.24萬平方公里，
人口約1100萬，它不但是中國西部最大的省會城市，也是中國歷
史上唯一一座建城近三千年，卻從未改換過名字的城市。

　　它曾是中國著名的南方絲綢之路的起點，經雅安、廬山、

西昌、攀枝花到雲南的昭通、曲靖、大理、保山、騰衝、德宏，
進入緬甸、泰國，最後到達印度和中東，是連接這條中華文化和
世界文明通道的最重要的驛站。

　　從中文字義上解讀"成都"這個名字，"成"是成功(success
or successful)的意思，"都"是都市(big city or capital)的意思。這
座"成功的都市"(Successful City)不但歷史悠久，而且所處的位
置也十分的奇特：北緯三十度線——這是一條地理學家劃出的虛
擬線，然而卻沒有任何一條經緯線有它如此神奇的魔力。這裏有
地球上最高的珠穆朗瑪峰和最深的西太平洋馬里亞納海溝；長
江、密西西比河、尼羅河、幼發拉底河均從這裏注入大海。這也
是一個神秘莫測的地帶，古埃及金字塔、獅身人面像，北非撒哈
拉大沙漠中的"火神火種"壁畫，加勒比海的百慕達三角區，古

巴比倫的空中花園，中國的峨眉山、黃山、廬山均坐落在這條神奇的緯線上。在這個擁有燦爛文明的地帶上，世界四大文明古國——中國、古巴比倫、古埃及、古印度均在這裏最早綻放出文明的光彩。爲什麼會是這樣的巧合？特別是當北緯30度線上的成都平原又發現了另一個奇跡——由古蜀人創造的三星堆和金沙文明，人們的疑惑和好奇就更加濃厚……這麼多的未解之謎，從古至今，讓很多人對這座城市產生了興趣，甚至迷戀……

公元1287年的一天，山風勁吹，銅鈴脆響，一隊人馬艱難地爬行在崇山峻嶺中，走在前邊的是一位高鼻大眼的外國人，他就是後來世界聞名的旅行家馬可·波羅(公元1254～1324)。這位出生在水城威尼斯的義大利商人，從北京出發，經涿州、太原、西安到成都，是第一個踏上南方絲綢之路的歐洲人。當馬可·波羅步入西南高原的山路，首先感覺到西南高山嵯峨，深谷萬丈，困難重重。幾十天的鞍馬勞頓，四周連綿不盡的群山使他有些力不從心。

而神力就在此時出現，他眼前忽然展現出一處柔媚恬靜的平原，更重要的是，他還看到了一座熱鬧繁華的都市，它就是成都。馬可·波羅走在街上，看見大小的河流在街旁交匯，河中是穿梭不停的小船，橋上是川流不息的人群，而這一切的一切——小橋、流水、人家，被濕漉漉的裹在迷濛的霧氣裏，使他不由地想起萬里之外的家鄉威尼斯。「感謝上帝，」馬可·波羅說：「在走過這麼多險要的路程之後，讓我見到一個水城，見到幾絲與故鄉相似的景象。」

在他後來所寫的《馬可·波羅遊記》第四十四章中，他對成都作了如下的描述：「成都是一座美麗的大城，坐落在一片平川上。有很多河流，有的環繞城市，有的穿城而過。這些河流都發源於遠處的高山，爲成都提供了豐富的水源。市內一條河上，有一座大橋。橋上，兩排大理石柱支撐着木質屋頂，頂部裝飾着紅色的圖畫，頂上蓋着瓦片，可以遮避風雨。整個橋面上，排列着工整的房間和鋪子，經營着各種生意……”

馬可・波羅是最早向海外介紹成都的歐洲人，成都也是歐洲人最先熟悉的中國城市之一。

1870年，德國旅行家佛棟・瑞肖芬(Ferdi-nand von Richthofen)爲了印證馬可・波羅的描述而來到成都，這時的成都已“名列中國最大的都市，文風鼎盛，氣質典雅，無出其右者……所有茶館、客棧、商店、民宅，牆上都掛滿繪畫……碑坊上的完美藝術成就，令來往商旅都讚嘆不止……但最能呈現這座城市文明修養的，是當地居民彬彬有禮的態度，在這方面，成都府遙遙領先中國其他地區”。

當路得・那愛德(Luther Knight)還在霍普金斯大學化學實驗室裏檢查樟腦的化學分子式時，就在閱讀上述的描述時，做出了去成都的決定。這個在美國愛荷華州長大的教授，1910年開始了他在成都的四川高等學堂的任教生涯。雖然他不幸於1913年就因病去世，並安葬於成都的土地上，但就在這短短的兩年零十個月中，他走遍了成都的山山水水，大街小巷，爲後人留下了數百張的照片，完整地記錄下他當時在成都工作、生活情況和所到之處的風光景象。這數百幅老照片展現了成都當年的自然習俗風貌和建築人文景觀，完整記錄了近百年前成都的歷史變革。從路得・那愛德與家人的通信中，我們可以看出他對這片土地和這裏的人民，懷有深切的敬意與欽慕……

與路得・那愛德同一時期到過成都的探險家約瑟夫・比奇，在他的那本《登臨中國西部的阿爾卑斯山，1911年》中說：

“成都是中國最美的城市之一。成都是川西盆地上最大的城市，也是四川省省會，或許，它也是除中國首都北京以外，中國最好的城市。成都的美麗並不僅表現在它的外觀上，這個城市所表現出來的求知欲也是非常吸引人的……”

事實上，成都所在地的四川在中國的歷史上一直被稱爲“天府之國”，成都不但是四川最大的城市，也是中國最早的都市

成都西嶺雪山

之一。它位於四川的中部，東界龍泉山脈，南臨雲貴高原，西靠邛崍山，北依秦嶺山脈。從天上朝下看，成都是一座被綠色覆蓋的盆地，被千里沃野擁抱着，被兩條河流纏繞着，十分

王開明九世"涉步成都"，有"一年成聚，二年成邑，三年成都"之說。

當露絲·哈克尼斯1936年4月17日在紐約登上前往中國的"美國商船"郵輪時，所有的朋友都認爲："她瘋了。"

富饒的川西平原

恬靜舒適。由於位處高原山地和丘陵之間，境內兼有山景、平原和丘陵之美，且氣候溫和，雨水充沛，歷來被稱爲"水旱從人，不知饑饉"的"天府之都"。從浩如烟海的史書中尋覓，這是一座神秘的城市。在三億六千萬年前的造山運動中，形成了四川盆地特殊的地貌結構，而成都，正在這個盆地的中心。公元前4世紀初，古蜀國

因爲沒有幾個人知道熊貓這個名字，即使聽說過，也没有人看到過這個世界上最後幾種珍稀哺乳動物中的活化石，因爲這種動物從未被捉到過。更何況露絲既不是動物學家，也不是探險家，除了家裏的一群貓，對動物幾乎一無所知。

在丈夫比爾把他知道的關於大熊貓的信息告訴她之前，她和大多數的

世人一樣，從未聽說過大熊貓。而比爾的這些信息大部分也僅僅是來自克利姆特·羅斯福(Kermit Roosevelt)和小西奧多·羅斯福(Theodore Roosevelt,Jr)兄弟合寫的那本書——《追踪大熊貓》。

對於我來說，成都則是一個熟悉又十分遙遠的地方，是一個延續了二十多年似醒似睡的夢境……上世紀80年代初期，我是一個剛剛走出大學校門的年輕人，一個偶然的機會讓我在成都短暫地住過一個星期。那時的成都，是一個由一座座灰色破舊的院落和一棟棟火柴盒式的簡易樓所構成的城市，古老而殘破。每天早晨醒來，進入耳簾的是各種各樣的叫賣聲，打板和敲鑼的，扯著嗓子叫賣的，其聲調高揚低沉，節奏疾徐有致：「吃油茶……」「鍋盔，又香又脆的芝蔴鍋盔……」高昂者如飛瀑瀉地之迅猛，低沉者，如白雲出岫之舒緩，組成了一曲難以忘懷的市井小調。特別是豆花郎那川音十足的「鹹豆花，辣豆花，又麻又辣的豆花哩……」的喊聲，聲聲震耳，尾音長繞，如川劇的高腔，悠揚而婉轉……

我相信每一個人的內心都有一種情結，或者強烈或者隱約地糾結在心間，但若沒有一個讓它舒展的機會，這個結就會永遠留在心底。時光過去了這麼久，要不是一個偶然的機會，讓我再次把目光掃向成都，這二十多年前留下的成都記憶，也許將會伴隨我走完後半生……那天去 Arizona State University 辦事，偶然間碰到了一個關於中國的講座，講臺上一位年輕靚麗的女博士正侃侃而談，主題正是關於那個古老的城市：成都。演講者對成都熊貓的美和熱愛毫不掩飾，那種對故鄉的眷戀溢於言表。本來只準備坐幾分鐘就離開的我，竟被她表現出來的這種熱情所感染，不由地認真聽起來……在詳細地介紹了成都的歷史、現狀及投資環境後，她說：下面的一個短片是由中國最著名的電影導演張藝謀拍攝的一個短片，也是現在成都的一個鏡像，相信你們會喜歡……鏡頭首先出現的是一個現代化的機場：雙流國際機場，一個背著重重的行囊的小伙子走下飛機，畫外音是：我奶奶跟我說過：成都，是一個你去了就不想回來的地方！她現在年紀大了，出不了遠門，讓我把成都拍回去給她看看。我望著鏡頭裏漂亮的高速公路，透過鏡頭看著一座座高樓從眼前快速掠過，不禁愕然：這是成都嗎？是我曾經到過的那個中國西南的那座省城嗎？鏡頭裏那些似曾相識的地方：春熙路、望江公園、杜甫草堂……已不再完全是我記憶中的情景。繁華的街市，高聳的樓群，綠草如茵，翠竹依依⋯⋯片中的畫外音：我不敢相信，這就是奶奶經常給我提起的那個地方。在我的耳朵裏變成了：我不敢相信，這就是我曾經去過的那個地方⋯⋯

"歡迎你們再去成都看看，現在的成都，已經發展成爲中國西部的一個大都市，如果說還有什麼還保留着的，那就是成都的人文傳統，諸如休閒、溫情和深厚的文化底蘊。"女博士唐華在演講後對聽衆說這句話時，我真的有些動心。奇妙的是，當天晚上我又接到了一位很久沒有聯繫的法國朋友蘇菲亞的E-mail，說她現在成都的一所大學裏邊教法文邊學中文，並感嘆成都的美麗和富饒⋯⋯⋯

"這次去中國吧？有一個城市叫成都，我們去看看吧。"我對將要放春假的丹尼說。在美國，許多家長很希望孩子放假，但有時也很頭痛。一年四次的假期，要安排不同的旅行或節目，爲從小已去過無數次迪斯尼、海上世界(Sea world)的孩子們，找一個不重複又讓他們産生興趣的地方，實在是一件很難的選擇。

"Chengdu(成都)？ See what(看什麼)？"丹尼一邊玩着網

上的電子遊戲，一邊漫不經心地問。對於一個正在上小學四年級的男孩子來說，"成都"這個名字不但陌生，而且發音都有些怪異。於是，我走到他的電腦前，暫停了他的遊戲窗口，在Google裏敲出Chengdu(成都)並搜索，幾百萬個條目立刻顯現出來。

"So(又怎麼樣)？"丹尼有些不快地說，他還惦記着電腦遊戲中的積分，希望我能很快地結束這個談話。

我在Google裏又輸入Panda(熊貓)，按下搜索圖片的鍵，電腦屏幕上立即顯現出大熊貓的千姿百態。丹尼在學校的外號就叫Panda(熊貓)，他的房間裏，從掛曆到書櫃上的小擺飾，都是和熊貓有關的東西。

"成都有熊貓？"他有些疑惑地問我。

"當然，這個世界上百分之八十的大熊貓都在成都周圍。"

"真的？我們什麼時候去？"對於一個十歲的孩子，沒有什麼能比看大熊貓更能引起他的興趣。

就這樣，我用看大熊貓做誘餌，成功地說服了從沒到過中國的丹尼，於春天一個陽光燦爛的日子，踏上了去往成都的行程……

1936年，露絲·哈克尼斯從美國到中國花了兩個多星期的航程，從上海到成都又花了十多天的時間，甚至"從重慶到成都的300英哩路程，乘車都並非易事"。她在後來的書裏回憶起成都附近的景象："澆灌過的稻田映照着懶洋洋飄浮在天空的雲朵，也會見到水牛把鼻子深深地埋在水裏，拖着木犁在泥淖中往前淌，稻田中的

水因爲水牛的緩慢移動而變得更加渾濁。小小的村落在陽光照射下打着盹……穿過幾個世紀以來生活不曾發生過變化的村莊，我們瞅見女人們在自家門口用古老的方式編織衣物，漂染着世界各地農民都用的藍色棉布，裹小腳的老婦們蹣跚着用繩子牽着豬、山羊甚至鵝去集市。轎子來來往往，負載着各種物品、包括人在內的獨輪手推車吱吱呀呀地響，苦力們肩膀上橫着一根木棍，木棍下吊着裝滿了東西的筐子。路上每轉一個彎，便會出現一幅祥和美麗的新畫卷……。"

現在，從洛杉機到成都只需要不到一天的時間，據説成都已有十幾條的航線直飛歐美的許多大城市。從中國各大城市通往成都的航班也很多，特別是從北京、上海、廣州到成都的航班非常密集，多得像公共汽車一樣，隨時都可以走。當年露絲·哈克尼斯從上海到成都整整花了兩個星期的時間，現在只要兩個小時左右，相當於看一場足球賽或一場電影的時間。如果遇到是四川航空公司的航班，不但可以吃到很有特色的川菜，還可以順便了解一下成都的風土人情，和漂亮的空姐"擺一下龍門陣"（聊天）。

在飛往成都的班機上，舷窗外的四川到處都是崇山峻嶺，它整體的地勢與中國的地勢很相似：西高東低。丹尼手拿一本介紹四川的英文書，問我爲什麼四川又叫"Shu"？我告訴他這"蜀"的名稱最早見於商代的甲骨文。蜀的祖先據説是生活在黃河中上游的古代羌族的一支，他們沿岷江流域南遷進入四川盆地，並在成都平原建立了自己的國家。關於"蜀"名稱的來歷，史書記載説蜀就是蠶，是因古蜀王蠶叢教民栽桑養蠶，使四川成爲中國最早養蠶的地方，因而得名。根據出土的文物推斷，早在四千年前，蜀人就已經在川西平原建立起了奴隸制國家。此後，又因歷代帝王都將統治四川的最高治所設在成都，而成都

爲古蜀之都，"蜀"也就成了四川的簡稱。

"那成都是四川最大的城市嗎？這書上有好幾十頁介紹它的歷史，你能簡單地告訴我嗎？"十歲的孩子，

公元前4世紀初，古蜀國王定名"成都"，二千多年來，成都不但一直是四川地區的郡、州、府、道、省等行政區劃的首府所在地，而且他的名字亦從未變更過，這在中國地名史上實屬

芙蓉花——成都市花

什麼都要刨根問底，我必須有足夠的耐心。我翻開飛機上提供的一本雜誌，現學現賣道：成都不但是四川最大的城市，也是中國的大都市之一。它最早的名字又叫"錦城"和"蓉城"。從浩如烟海的史書中尋覓，這是一座神秘的城市。在三億六千萬年前的造山運動中，形成了四川盆地特殊的地貌結構，而成都，正在這個盆地的中心。

罕見，可以算得上是中國歷史最悠久的城市。

雖然我把成都源遠流長的三千年歷史濃縮得再簡單不過了，但其內容對丹尼這樣一個生長在美國的小學生來說，還是太深奧了。我不知道他能聽懂多少，但對於我確是一次很好的學習。了解一座城市的過程，真的就像去閱讀一本厚重的歷史書。我雖然

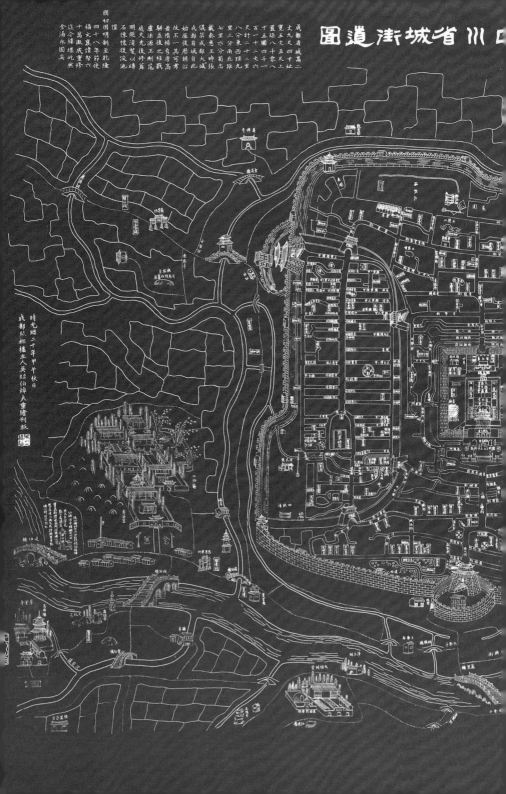

在啓程前，惡補了許多成都的歷史，但像成都這樣一座具有悠久歷史和深厚文化的城市，它真正的靈魂，是那些瑣碎的片斷與數據所無法觸摸到的。

"爲什麼大熊貓都在成都附近生活？別的地方爲什麼没有？"丹尼把手裏的書合上，不解地問。

這下可難倒我了，因爲我對熊貓的知識也是現從書本上學的。但家長就是家長，對孩子來講，你就是百科全書。我用最淺顯的語言告訴丹尼：在動物學上，大熊貓屬食肉目，是劍齒象動物群的一種。今天這種動物群大都已滅絕，只有大熊貓一直保留下來，有八百萬年的歷史，所以大熊貓有動物的"活化石"之稱。它經過這樣漫長的發展而能够生存到今天，反映了它曾經具有頑强的生命力。但是，由於受生存環境變化的影響，使它目前已處於瀕危狀態。目前全世界的大熊貓總數僅1000餘隻，絕大多數分布在成都及附近地區。這是因爲成都有適合大熊貓生存的天然條件和人文環境，其境內河流衆多，氣候溫暖、潮濕，地形、地貌

及植被類型複雜多樣，野生動植物資源豐富。它不但有層巒疊翠的山野，深邃幽美的森林，深不可測的峽谷，還有四個總面積達一千一百平方公里的自然保護區：崇州鞍子河自然保護區、大邑黑水河自然保護區、都江堰龍溪—虹口自然保護區、彭州白水河自然保護區。

這些自然保護區提供了大熊貓棲息生存的許多條件，不但有金絲猴、牛羚、小熊貓、獼猴、黑熊、水鹿、紅腹角雉等野生動物，還有銀杏、蓮香樹、紅豆杉等數百種原始植物，形成了完整的自然生態系統。加上成都人對大熊貓格外地喜愛和保護，對那些偶而出現在村落中的大熊貓的善待和餵養，使得成都成爲這種具有八百萬年歷史的動物的最佳棲居地……

走出雙流機場，迎面而來的潮濕氣息，讓人覺得空氣中彷彿能嗅出一汪水來，讓我那已習慣了美國鳳凰城乾燥氣候的面頰和雙唇，頓感潮熱，一股柔軟的濕潤在心底慢慢蕩漾開來。沐浴在這樣水一樣的空氣裏，看來成都的女子想不嬌媚也難，也怪不得大熊貓會喜歡這裏。身邊到處是人，那麼多人，有大聲講着四川話的導遊，穿着名牌裙衫和高跟鞋的時髦女孩，也有身背碩大背包，神色無所適從的外國人，和拖着大小箱包的内地遊客。走出機場，抬頭看天，竟然是望不到邊際的灰色朦朧，可以讓你第一眼就滋生出風花雪月的浪漫主義感覺來。連吹在臉上的風都是慢悠悠地刮過來，裹着這個城市沉澱了千百年的閒情和舒適。

我們是從成都的正南方沿人民南路進入市區的。人民南路是成都的“長安街”，車流量居成都街道之最，寬敞筆直，大道朝天。車子在人民南路行進的時候，兩旁巨大的廣告牌和中英文標誌不斷閃過，自行車、摩托車、黃綠色的出租車，支着帆布棚的三輪車前後奔湧着，牽着小狗的老人和奔跑的幼兒，戴着眼鏡塞着耳機穿着制服表情倔強的年輕女孩，在十字路口各奔東西……。每個人臉上都散發着成都的味道，他們和到處是正在建設中的高樓、橋樑、道路，構成了這個城市的獨特風景……路過一座斜拉人字形的大橋時，我發現人字之中，有一幅很像美國鳳凰城市徽的鳳凰徽記，構圖簡潔、明快，令人印象深刻。問司機這是什麼，他說這是成都市太陽神鳥的徽記：太陽的十二道光燄組成飛旋的光輪，四隻金鳥圍繞太陽飛舞，展現一種中國的"天人合一"的理想境界。這完全是依照金沙遺址中發掘出來的

一張金箔畫設計的，而那張金箔畫則是三千多年前生活在成都先民的傑作。我突然間感到，要解讀成都，也許該從這一幅太陽神鳥金箔開始，她不但投射出成都深厚的歷史文化，恰如其份地體現出幾千年來成都人開拓創新、堅毅自強的奮鬥精神，而且還表現出這座古老城市的迷離和神秘……

以前每次和丹尼商量來中國旅行時，他會找出很多理由推託：比如游泳隊要訓練，家裏的烏龜沒有人餵……等等。但這次一說帶他來成都看大熊貓，還說有可能讓他和大熊貓一起照相時，

兒子的眼睛一亮説："Are you kidding?(你不是在開玩笑吧？)"
便毫無牽掛地來了。前年他爲了看一眼大熊貓"華美"，"逼"着
我開車六七個小時去美國聖地亞哥市的動物園，還要在火熱的太
陽底下排長長的隊，等好不容易見到"華美"，也只能遠遠地看
上幾分鐘。即使這樣，也能讓他激動好幾天。

所以，當我們在富麗堂皇的天府喜來登酒店剛一放下行李，
丹尼就催着我直奔"成都大熊貓繁育研究基地"。這個基地位於
成都市北郊斧頭山側的淺丘上，距市中心區約十英哩，建有齊全
的各種大熊貓繁育所必須的設施：獸舍、飼料室、醫療站
和實驗室，還種有大熊貓食用的上萬叢竹子和
灌木，有幾十隻大熊貓被人工飼養
在那裏。多年來這個基
地在有關大

熊貓的研究領域，取得了多項突破性進展。在人工繁育大熊貓方
面，取得了舉世矚目的成就。自1980年在世界上首次採用冷凍精
液繁殖成活大熊貓以來，大熊貓繁育研究基地共繁殖成活大熊貓
近百胎，其中大熊貓"美美"產子9胎11子，成活7子；其女兒
"慶慶"產仔6胎10子，成活10子。人工飼養條件下的第三代大熊
貓，目前也已在基地繁育成活。

按國際上保護瀕危珍稀動物的成功經驗，大熊貓保護必須
採取就地保護與移地保護結合進行。成都大熊貓繁育研究基地建

大熊貓「娅娅」

立的目的和任務就是通過人工繁育擴大大熊貓移地種群數量，經野化訓練和適應性過渡階段後，最終將其放歸大自然，以擴大和復壯野生種群，維持和提高該物種的遺傳多樣性，從而達到延續該物種，讓其與人類共存之目的。所以成都正在計劃擴展建立模擬的大熊貓野外棲息環境的半野生放養區，爲最終將大熊貓送歸大自然作好準備。基地不僅爲大熊貓提供了良好的生息繁衍之地，同時還爲小熊貓、金絲猴、黑頸鶴、雉雞類等珍稀瀕危動物提供了棲息環境。

基地裏還有一座大熊貓博物館，展示了人類對大熊貓的認識、研究、保護和拯救的歷史與現狀。據導遊介紹，館內共展出各類圖片上千幅，標本實物2140多種，化石及模型標本100餘種，古今中外文獻各類文獻專著數千冊……

在遠古，大熊貓是非常勇猛的一群，它們和劍齒虎、劍齒象以及許多古老動物共同稱霸於世，那時候的人類還不知在太空的哪一個角落飄蕩。在數百萬年的生存競爭中，大熊貓彷彿突然受到了某種啓示，從根本上改變了自己的習性，爭不過食肉的，就開始吃草，爭不過食草的，就吃竹子。爲了活着，它以它那典型的肉食齒忍辱屈尊，大口大口地吞嚥着竹子。恐龍倒下了，變作了一副副巨大的化石，陳列在博物館裏，昔日的威風已經不再；劍齒虎滅絕了，劍齒象也絕跡了，它們那已經石質化的骨塊散落在世界各個角落，悲涼無限。但是大熊貓卻活下來了，以它的柔性、退讓以及堅忍的生存能力，成爲這個世界生命歷史的活化石，從而印證了達爾文的觀點：物競天擇，適者生存。

　　大熊貓進入科學視野的歷史，不過短短的一百多年。第一個將大熊貓介紹給世界的，是法國傳教士愛蒙・戴維(Pierre Armand David 1826～1900)。他從1862年至1874年在中國住了12年，先後在北京、上海、成都等地傳教，1869年3月，他來到成都西邊的寶興縣鄧池溝天主教堂擔任這裏的第四任神甫。愛蒙・戴維在他的日記中寫道："1869年3月11日，在返回教堂途中，這條山谷中的地主李姓人士邀請我到他家裏去用茶點，在這個家裏，我看到一張展開的黑白熊皮，這張皮非常奇特，除了四肢、耳朵、眼睛周圍爲黑色外，其餘全爲白色。它可能成爲科學上一個有趣的新物種！"十天後，愛蒙・戴維從當地獵人手中買下一張這種被當地人稱之爲"白熊"的皮，並將它寄給了巴

黎自然博物館主任米勒・愛德華(Melne Edwaeds)，愛德華認真研究了皮毛和骨骼後在1870年發表的論文中指出："在外部形態上，它確實同熊非常相似，但它的骨骼特徵和牙齒，明顯地與熊不同，卻與小熊貓和浣熊很相近，它肯定構成一個新屬，我稱之爲Ailuropoda。"爲了紀念愛蒙・戴維對大熊貓的這一新物種的發現，愛德華將大熊貓的學名定爲Ailuropoda melanoleuca David，這一學名一直沿用至今，那具用第一隻大熊貓皮製做的標本，還在法國巴黎自然博物館珍藏着。

　　大熊貓之所以被後人稱爲"Panda"，據說是取自愛蒙・戴維的名字Pierre Armand David的英文縮寫。但學術界也有另外

一種説法：在尼泊爾語中，熊貓被稱爲 "nigalya-ponya"，意爲 "吃竹子的熊"，而Panda是它的變音。

此後，不斷有西方探險家進入成都地區尋找大熊貓，其中以美國總統

兩槍都命中。……我們再次開槍。它應聲而倒，但又爬起身，跑進濃密的竹林。我們知道它逃不出我們的手掌心……" 羅斯福兄弟獵殺的熊貓後來成爲在西方博物館展出的第一批熊貓

大熊貓繁育研究基地

西奧多·羅斯福的兩個兒子克利姆特·羅斯福(Kermit Roosevelt)和小西奧多·羅斯福(Theodore Roosevelt,Jr)最爲著名。他們於1929年組織了一次獵殺大熊貓的探險之旅，成爲第一批獵殺熊貓的西方人。在後來他們的回憶録《追蹤大熊貓》(Trailing the Great Panda)中，他們這樣描寫："我們同時對漸行漸遠的熊貓背影開槍。

標本，這在西方引發了一陣 "熊貓熱"，吸引了越來越多的探險家來華，其中就包括露絲·哈克尼斯(Ruth Harkness)……

一走出博物館的大門，丹尼就興奮得要命，一直在催問領我們參觀的導遊小姐："熊貓在哪裏？在哪裏？"等我們終於很近地站在幾隻大熊貓面前時，丹尼的眼睛裏立刻充滿了淚水

……熊貓對於那些在美國長大的孩子來説，是兒時童話中的記憶，是動畫片中的精靈，是他們夢中的玩伴……當我們這次準備到成都時，鄰居和孩子的同學們都問：你們到中國的哪裏

幸福，可以天天看熊貓。"當得知我也是從美國來的時，老太太有些不好意思地説："我從小就愛看一本叫《夫人與熊貓》的書，幻想着有一天，能親眼看看大熊貓生長的地方。現在

去玩？當我們説去能看大熊貓的地方時，換來的多是無比羨慕的感嘆。因爲對於許多美國人來説，能到大熊貓的棲息地走一趟，是他們夢寐以求的奢望。和我們一起參觀大熊貓繁育研究基地的，還有一個從美國來的旅行團，其中一對從俄亥俄州來的老夫婦，滿臉淚水地請我幫他們與熊貓照像，不停地對我説："你們生活在成都多

終於實現了，我能借你的手機給我兒子打個電話嗎？就説一句，告訴他我來到大熊貓的家了，他從小也愛看那本書……"

這本《夫人與熊貓》(The Lady and the Panda)的書，在美國影響了整整三代人，它的作者就是第一個把大熊貓帶出中國，並在世界上掀起熊貓熱的人——露絲·哈克尼斯(Ruth

Harkness)。露絲既不是動物學家，也不是探險家，而是一名美國的服裝設計師。她的丈夫是一個對熊貓極有興趣的動物學家和探險家，但在新婚不久即死於中國。露絲在1936年4月到中國的目的，本來只是想將丈夫的骨灰帶回美國。但在讀了丈夫臨死前

寫下的日記後，這位紐約社交界的名媛，一個有着波希米亞精神，但卻從沒有野外探險經驗的年輕女人，突然決定放棄在紐約的服裝設計事業，在中國去繼續尋找大熊貓，去實現丈夫的臨終遺願：把第一隻活生生的大熊貓帶到美國。1936年11月9日，她終於在成都北部的汶川發現了一隻剛出生不久的大熊貓，露絲在她所寫的《夫人與熊貓》一書中曾描述當時的情景："昆丁突然停住腳步，我差一點撞上他跌倒。他專注聆聽了一陣，就快步往前衝，我簡直跟不上。透過拂動的潮濕枝葉，我隱約看見他接近一株枯死的大樹。我盲目地蹣跚前行，不斷擦拭臉上和眼裏的水滴。然後我也停住了，不能動彈。枯樹幹裏傳來嬰兒的哭聲。我一定有短暫的失神，因爲等我清醒過來，昆丁已經伸出雙臂，向我走來。他手掌中捧着一頭正在掙扎的熊貓寶寶。我不由自主地伸手接過這個小東西。手中毛茸茸的觸感，使片刻前的夢想成爲真實。……她那黑白花的小圓球腦袋用鼻子磨蹭着我的上衣，忽然本能地找着了我的乳房。……"

　　從露絲後來的日記和信件中人們發現，當時露絲探險的目的，已經不僅僅是爲了將第一隻活的大熊貓帶出中國，而是上升到精神層面，甚至是宗教意義上的一種信念。她在整個探險歷程中始終十分亢奮，她喜歡成都的質樸和美麗，喜歡成都地區的清幽和寧靜，她甚至喜歡上了陪同她一同尋找熊貓的中國人楊昆丁。當時才22歲楊昆丁已經是當時在中國境內工作的最有成就的探險

家和生物學家之一，也是在露絲發現大熊貓探險過程中對她幫助最大的人。

露絲後來給這隻幼小的大熊貓起名叫"蘇琳"(Su Lin)，而這名字正是楊昆丁嫂子的名字。由於楊昆丁當時受僱於南京的中國科學院，他選擇了留在臥龍山區，繼續他的工作，尋找更多大熊貓的踪迹。露絲只好懷抱着"蘇琳"與戀人告別，並將這隻大熊貓以"隨身攜帶的哈叭狗"名義偷運出中國，使"蘇琳"成爲第一隻走出中國的熊貓。當"蘇琳"乘船登上美國海岸時，正值聖誕節，這給尚處於經濟大蕭條中的美國人帶來少有的開心。美國人以他們特有的方式，來慶賀這件天大的喜事，紐約探險家俱樂部還專門爲"蘇琳"舉行了隆重的歡迎儀式。"蘇琳"在芝加哥布魯克菲爾德動物園(Brookfield Zoo)公開展出時，美國人從四面八方趕來一睹它的風采，連著名的盲人女作家海倫·凱勒也從很遠的地方趕來，只爲摸一摸它。令人遺憾的是，"蘇琳"只活了一歲多，1938年4月1日死於肺炎。事後經過解剖才發現，蘇琳不是"小姐"，而是一位"公子"……值得一提的是，露絲·哈克尼斯於1947年7月20日在美國匹茲堡去逝，她的後人爲了完成她的遺願："我將回到中國，回到那個對我如此厚愛、友善和盛情的國度，回到那個慷慨地允許一個笨拙的外國人帶走一隻大熊貓幼崽的國度。"於2002年將哈克尼斯夫婦的骨灰帶到了成都，永遠地安葬在他們曾於60多年前探險的那塊土地上。

露絲與蘇琳

大熊貓經過漫長的歷史發展而能够生存到今天，反映了它具有頑強的生命力。但是，由於環境和歷史的原因，它目前已處於一種瀕危狀態。在各種不利因素中，其内在原因是由於食性、繁殖能力和育幼行爲的高度特化。外在原因則是棲息環境受到破壞，形成互不聯繫的孤島狀分佈，導致種群分割，近親繁殖，物種退化。再加上主食竹子的供應不足，人爲的捕捉獵殺，天敵危害，疾病困擾。構成了對大熊貓生存的嚴重威脅，使其面臨瀕危的境地。

1961年，在瑞士的日内瓦，彼得·斯考特（Peter Scott）和一群科學家及環保人士聚在一起，籌劃成立一個以遏止地球自然環境惡化爲使命的基金會——世界自然基金會(WWF)。當時，一隻名叫"熙熙"的大熊貓正在英國倫敦動物園展出。彼得·斯考特以熙熙爲範本，畫出了這個後來成爲全世界最大的非政府環保組織的標誌：一隻微抬起頭、半帶疑惑地望着人類的大熊貓。

從這時起，熊貓不但被看成是中國的象徵，也成爲世界自然保護和挽救瀕臨滅絕動物運動的標誌。WWF是最早與中國合作，開展大熊貓保護和研究工作的機構，也是目前全世界最有影響力的環境保護機構。彼得·斯考特認爲，保護熊貓從人類的情感上是非常重要的，如果熊貓永遠消失了，人類將會感到世界變得無比空虛。因爲在生態學中，熊貓是所謂的指標動物，在1000隻野生大熊貓生活的地方，可能同時生活着1000隻金絲猴、1000隻羚牛、1000條娃娃魚，還有老虎、豹子、金鵰、麝鹿、鹿子、金雞、紅腹錦雞……這些動物共同生存的地方，不僅是生物多樣性的高山和森林，也是生活在長江和黃河流域數億人的天然屏障。保護最後這1000多隻野生大熊貓，就是在保護人類自己。

在成都的這個大熊貓繁育研究基地裏，科學家模擬了大熊貓野外生態環境，營造了適宜大熊貓及多種珍稀動物生息繁衍的條件。只見竹木蒼翠，鳥語花香，集自然山野風光和優美的人工景觀爲一體，常年圈養着大熊貓以及小熊貓、黑頸鶴、白鶴等動物，是世界人工飼養熊貓最多的地方。

令丹尼最興奮的是與大熊貓合影，那隻可愛俊憨的大熊貓雖然只有半歲，但是坐在丹尼的懷裏，十分地不老實且力氣十足，他幾乎無法抱住它。我只搶拍了三張珍貴的照片，很後悔沒能多拍一些。但就是這三張照片，回美後還是讓他得意並風光了好久。學校開學的第一天，丹尼所在學校的校長，像公佈一件大新聞一樣，通過學校的閉路電視系統，面對坐在各個教室內的近千名的學生和家長說：“今年的暑假，我們有一件很值得榮耀的事，四年級的丹尼，和他的父親去中國尋訪大熊貓的家鄉成都，並且還抱着大熊貓照了像，簡直不可思議！……”當丹尼和大熊貓的照片出現在屏幕上時，教室內一片掌聲和感嘆聲。

　　2005年11月10日，經過七萬多美國民眾的網上投票選擇，美國聖地牙哥動物園將出生一百天的大熊貓幼崽正式命名爲"蘇琳"。六十七年前離世讓美國人悲傷難忘的那隻大熊貓之名，如今又傳奇性地重現在今天。"蘇琳"的太外婆是1996年從成都到聖地亞哥的"白雲"，外婆是1999年出生的"華美"，媽媽則是2003年8月出生的"美生"，其中文名字翻譯成英文就是在"美國出生"的意思，亦可譯爲"美麗人生"之意。"蘇琳"既是爲了紀念露絲·哈克尼斯爲美國人帶來的第一隻大熊貓，也是中美兩國大熊貓童話的一個延續……

　　從"成都大熊貓繁育研究基地"出來的時候，一幅別緻的招帖畫令人心動：這是一個告訴人們要關注瀕危動物的廣告，一行簡簡單單的字"我們不可以再失去它們！"一隻大熊貓用嬰兒一樣的眼神看着人們，怯怯的，一副要與人類親近的模樣，非常傳神。大熊貓以它的天真，以它嬰兒般的純淨，以它的溫順和憨厚，贏得了人心，成爲了人類的寵物。

　　成都是中國道家學說的發源地，而陰陽則是中國道教哲學的軸心。道家思想認爲，黑與白的反差是事物的兩個極端，是平

衡，是統一。這些特點，在大熊貓的外表上表現的很明顯。這使得大熊貓具有了一種魔力，它的溫和，它的平淡，吸引着人類，讓人們不得不喜歡它，愛它，惦記它，並打動所有看見過它的人。

在美國，也許很多人不知道"Chengdu"(成都)這個名字，但沒有人不知道"Panda"(大熊貓)。大熊貓是大自然對成都的厚贈，它不但是全世界野生動物保護的象徵，也是衆生博愛的象徵。拯救大熊貓不只爲着使美的事物免於滅亡的悲劇，也寄托了人類拯救地球、拯救自己的希望。動物學家夏勒曾說：大熊貓沒有歷史，只有過去。它來自另一個時代，與我們短暫的交會。一個大熊貓，把多少素不相識的人聯結起來了。這是心的聯結，是對大熊貓的愛而聯結成的紐帶……

大熊貓是成都最好的名片和商標，每年成千上萬的遊客因爲大熊貓而去成都，或度假、遊玩，或投資、定居。因爲，大熊貓對人們的吸引力，是任何東西都無法替代的。當人們厭倦了城市中水泥大樓的擁擠和單調，膩煩了玻璃牆壁的泛濫和冷漠，他們首先要尋找的的就是可以看見的綠洲和動物，可以觸摸的歷史與文化，他們需要的是能讓他們行走的生態和文化環境，讓他們感到生命的活力，生活的魅力。

中國唐代著名詩人李白(701～762)曾如此描繪過一千多年前的成都："九天開出一成都，萬户千門入畫圖"。……我不知道這畫圖裏是否曾有過大熊貓，但成都確是一個與大熊貓有着千絲萬縷聯繫的城市，這在世界上是獨一無二的。

　　成都本身不但就有很多的旅遊資源，而且還是一個重要的旅遊口岸城市：到九寨溝、黃龍、峨眉山、樂山大佛、廣漢三星堆、大足石刻、長江三峽，西藏等地旅遊，成都是一個重要的驛站。成都周邊一日可以往返的地方也有很多，如東面：十陵、洛帶、龍泉。南面：黃龍溪、新津、蒲江。西面：大邑、邛崍、郫縣、都江堰。北面：彭州、新都、金堂。

交通：
飛機
　　中國各大城市幾乎都有飛成都的飛機，北京、上海、廣州、西安、香港直飛成都雙流國際機場的班次很多，美國的洛杉磯、加拿大的溫哥華、英國的倫敦、法國的巴黎、韓國的首爾、泰國的曼谷、印度的德里和加德滿都、澳大利亞的悉尼和墨爾本、日本的東京、名古屋、廣島等城市都有直飛成都的班機。
　　網站：www.cdairport.com

火車
　　成都火車站每天有近百次列車往返，幾乎可以到達中國所有的大中型城市，是觀賞沿途風光最好的交通工具。
　　網站：www.chengdustation.com

**看大熊貓：**
熊貓大世界網站

這是一個集資訊、科普、學術、娛樂、商務和旅遊爲一體的網站，可以讓讀者及時地了解大熊貓的生活、繁育、研究和保護的最新信息，是全球目前最權威的大熊貓資訊網站。

網站：www.pandaworld.cn

成都大熊貓繁育研究基地

探訪大熊貓的最佳地方。1987年建立，擁有模擬野外環境的大熊貓成體、亞成體和幼體及其小熊貓和其它珍稀動物的仿生獸舍，設備一流的開放實驗室、科研樓與完善的配套設施，基地占地35公頃，現正計劃擴大200公頃。截至2005年，基地已人工繁育大熊貓近五十胎，有三十隻以上的大熊貓長期與遊客見面。

地址：成都外北斧頭山熊貓大道

電話：028-83516748

網站：www.panda.org.cn

成都動物園

　　全園占地面積18公頃，園內綠樹成蔭、風景誘人，各種館舍、苑房、湖池共計30多處，展出動物300多個品種，3000餘隻，館中常年展出10餘隻不同年齡的熊貓，爲中國熊貓數量最多的動物園，在人工繁殖大熊貓技術上處於世界領先地位，是西南地區最大的動物園，位列北京、上海、廣州等十大動物園第4位。

　　地址：成都外北動物園
　　電話：028-83516953
　　網站：www.cdzoo.com.cn

卧龍保護區大熊貓研究中心

　　位於成都西北的卧龍自然保護區內，是中國最早建立、面積最大的大熊貓保護區，區內大熊貓野生種群個體數量約占野生大熊貓的10%(約100隻)，圈養大熊貓約占全世界圈養大熊貓總數的30%(44隻)。從1991年～2000年共人工繁育大熊貓34胎，50崽，存活33隻。卧龍保護區不僅在野生大熊貓的保護方面採取積極措施，使區內野生大熊貓種群數量基本趨於穩定，在人工繁育大熊貓方面也取得突破性進展。

　　地址：四川卧龍自然保護區(距成都三小時車程)
　　電話：0837-6246754
　　參考網站：www.chinawolong.com

## 成都主要的街道簡介：

### 最主要的街道：人民南路

在紐約，沒有人不知道百老匯；在成都，本地人不知道人民南路和天府廣場是沒有理由的。人民南路是成都的主幹道，有參天的林木，濃蔭蔽日，兩旁有四川歷史博物館、四川體育館、華西醫科大學、錦江賓館、岷山飯店和衆多的辦公大樓，筆直的車道每天車流量居成都各條街道之最，是從機場進入成都市中心的必經之路。

### 最平民化的街道：青石橋南街

青石橋南街是成都最大的生活資料貿易市場，整條街全是農副產品，豬肉、蔬菜、海鮮、副食、花鳥樣樣齊全，應有盡有，城市居民與農民樂呵呵地討價還價。你可以在這裏了解一個看見人們提着菜籃子、米袋子不緊不慢地在這條街上轉悠時，你會感覺到，這個熱鬧的場面便是成都平民最真實的全景照。

### 最前衛的街道：芳草街

"芳草"在中文的意思是芬芳的小草，讓人萌生幸福的遐想—此地處處是芳草。這裏原本確實是種植花草的地方，但隨着時代的變遷，芳草街現在茶樓、酒樓、美容院遍佈，是成都白領階層的消費重地。在這兒不但能品味到成都人現代生活浪漫的氣息，同時也能體驗到最前衛生活的各種滋味。

# Tips

### 最古典的街道：寬巷子

進入寬巷子，時光似乎倒退了許多年。平房，兩扇或四扇開的大門，斑駁的鏽跡陳述着它們的歷史，門兩側有石墩，門楣上雕有金瓜、佛手等吉祥物。很多人家的屋簷下都有籠中鳥在歌唱，讓人聯想起拖長辮、穿長袍、唱小曲、玩鳥鬥蟋蟀的清代遺少。四合院內的人家都種着各種植物，有竹有樹有花，綠綠的藤蔓爬滿低低的矮牆，典雅而不乏攝人心魄。

### 最奢華的街道：琴臺路

琴臺路兩旁林立的古色古香的建築裏大都賣的是金銀玉器，是成都最富盛名的"珠寶一條街"。珠寶店內金碧輝煌，貴氣十足，是採購各式各樣金銀首飾或古董最方便的地方。

### 最適合採購的街道：春熙路

成都商店最密集的街道，大多數商家從早開到晚上很晚，商品品種可以滿足你所能想到的一切。從最小的紀念品到最奢華的名錶名包，從成都名小吃到哈根達斯，這裏應有盡有。渴了，還可以找一家咖啡館或是茶館喝上一杯；累了，一招手就會過來一輛出租車或三輪車；這是所有去成都的人必到的一條街。

## 最富人情味的街道：同仁路

　　這條百年老街兩旁，大都是成都老百姓最普通的舊式院落，内裏寬敞，別有天地。小館子很多，店面小而狹促，但都乾乾淨淨，菜品豐富，價格實惠，老板笑盈盈的臉，熱騰騰的飯菜，即使你錢包不鼓也能輕鬆自在。在這條街，能找到許多在繁華鬧市中難找到的東西：老布鞋店裏賣着結實的千層底布鞋，整齊有緻的舊書店裏古籍散着墨香，婷婷文竹，幾把竹椅，頗見主人匠心。它濃濃的人情味在這鋼筋水泥鑄就的城市中，依然温暖着這兒的每家每户，甚至匆匆的過客。

## 最温馨的街道：濱江東路

　　到濱江路的人很容易被那兒的景色和特有的温情所感化。府南河水潺潺流淌，岸上綠樹成蔭，芳草萋萋。人工造景的錯落有緻雖比不上自然的巧奪天工，但在被林立的冰冷鋼筋水泥建築所包圍的大都市，這兒算是返樸歸真的最佳地點。每天早晨或黄昏，濱江路上總要演着一幕幕温馨浪漫的動人場面：市民們有的一身輕裝練着太極拳，有的踏着音樂的節拍輕柔地跳着"慢四"，有的並肩散步，一邊走一邊聊着與自己有關或無關的事。還有少的攙着老的，老的牽着小的，如一幅幅充滿人情味的生活畫卷。

### 最官方化的街道：督院街

數以千計的成都街道中，也許再沒有一條比督院街更具官方色彩和傳奇色彩。督院街從明朝(1748年)起便是四川的政治中心，現在是四川省政府及省人大所在地。

### 最有財富味的街道：總府路

這裏是成都最富盛名的商業中心，各大銀行的四川分行或分理點都聚集在這條街上，紅旗、百盛、太平洋、王府井、東風等大商場一家緊挨一家，鈔票流動的速度遠遠超過了一臺點鈔機不停運行的速度，它所匯聚的財富也就可想而知。

### 從成都可以一日遊的景點：

#### 樂山大佛

位於成都南160公里的樂山市城東岷江、青衣江、大渡河三江匯合處，是依凌雲山棲霞峰臨江峭壁鑿造的一尊彌勒坐像，始鑿於公元713年，歷時90餘年方建成，大佛體態勻稱，神勢肅穆，依山鑿成，臨江危坐。大佛通高71米，頭寬10米，髮髻1021個，耳長7米，鼻長5.6米，眉長5.6米，眼長3.3米，肩寬28米，手指長8.3米，腳背寬8.5米，可圍坐百人以上，有"山是一尊佛，佛是一座山"之稱，是世界上最大的石刻大佛。

交通：成都火車站有直達樂山的長途汽車，各旅行社也有去樂山的旅遊專車。

#### 洛帶：

洛帶古鎮建於三國蜀漢時期，鎮上居民中客家人有2萬多人，他們常用一種叫客家話的方言，這種方言裏保存着一些古漢語的音韻，走入其間能感受到濃郁的客家傳統。鎮上有諸多建築精美的古建築群落，結構多爲單進四合院式，有名的是廣東會館、江西會館等。另外還有鳳儀館、博物館、基督教堂等古建築可資遊玩欣賞。

交通：距成都市區約20公里，成都五桂橋汽車站有直達洛帶的汽車，每幾分鐘就有一班。

黄龍溪：

一個有着1700餘年歷史的川西古鎮，位於成都市東南約40公里處的雙流縣境內。黄龍溪古鎮內，明清時代的建築比比皆是，仍然保存完好。青石板鋪就的街面，木柱青瓦的樓閣房舍，鏤刻精美的欄杆窗櫺，無不給人以古樸寧靜的感受。鎮內還有六棵樹齡均在千年以上的大榕樹，枝繁葉茂，給古鎮更增添了許多靈氣。鎮內現還保存有鎮江寺、潮音寺和古龍寺三座古廟，幽深的老街，彎彎曲曲，街道兩旁有衆多小飯店。古鎮的石磨豆花非常有名，但最有特色的還是它的茶館，路兩旁、河堤上、竹林下，竹臺、竹椅、竹凳，成爲古鎮上一道誘人的風景。

交通：成都新南門汽車站每日有到華陽的車，從華陽再轉乘到黄龍溪的車。成都各旅行社都有汽車到黄龍溪的旅遊專車。

街子場：

街子場在崇州城西北25公里的鳳棲山下，與青城後山連接，依山傍水。它既得山靈水秀之惠，又有以唐代古刹光嚴禪院爲中心的32座寺廟等古蹟，融自然風景與人文景觀爲一體。今天街子場的老房子多半是明清時期留下來的遺物，若是觀景，建議去禦龍橋，禦龍橋邊有十餘棵高大的銀杏樹，大樹枝葉繁茂地站立在場口的大壩邊上。在銀杏樹旁，有一座建於清末的紅色的塔，做工精細，每當山風吹過，塔上的小銅鈴會發出悅耳的聲音，古人把這種塔叫做“字庫”。街子場是一個充滿隱居傳說的地方。據《中國通史》的記載，明朝開國皇帝朱元章之子朱允文在歷史上曾神秘失踪，經專家考證，朱允文其實就是隱居在街子場光嚴禪院的上古寺附近。

交通：成都金沙車站有去街子場的汽車。


芙蓉古城：

在成都西郊溫江區永寧鎮，城內民居採用傳統的四合院，院與院之間有迴廊相連。高大的城牆下，有一條蜿蜒曲折的護城河，河岸垂柳依依，花香鳥語。古城內，是青石鋪地的古街道，兩旁是一家家古風古韻的酒樓、茶肆、小吃店。古城內的街道布局係明清時代的外觀風貌，老成都傳統名樓“皇城”“明遠樓”“至公堂”等也得以仿真復現。夕照下的馬車可把路人帶入無數詩詞中描寫過的黃昏意境，小巷阡陌、青石塊塊，讓人回味着舊時的情懷。“古城”裏的居民院四周還巧妙地分佈着大大小小的小溪、湖泊。

交通：距市區二環路僅10餘分鐘車程，可乘89路或金沙一路公共汽車到達。

成都市內主要酒店地址及聯繫電話:

五星級

### 錦江賓館
成都市人民南路二段80號

電話: 028—85582222

### 總府皇冠假日酒店
成都總府路31號

電話: 028—86786666

### 天府喜來登飯店
成都市人民中路一段15號

電話: 028—86768999

### 加州花園酒店
成都市沙灣路258號

電話: 028—87649999

### 成都索菲特萬達酒店
成都濱江中路15號

電話: 028—66808989

四星級

### 四川岷山飯店
成都市人民南路二段63號

電話: 028—85583333

### 四川賓館
成都總府路31號

電話: 028—86755555

**銀河王朝大酒店**

成都市下西順城街99號

電話：028—86618888

**成都西藏飯店**

成都市人民北路一段10號

電話：028—83183388

**成都天仁大酒店**

成都市三洞橋街18號

電話：028—87731111

三星級

**成都大酒店**

成都人民中路二段29號

電話：028—83173888

**成都金河大酒店**

成都金河街18號

電話：028—86642888

**成都明珠國際酒店**

成都解放北路二段329號

電話：028—86429188

**新蜀聯大酒店**

成都市火車北站西路17號

電話：028—83172222

**琴臺賓館**

成都市青羊正街2號

電話：028—86149099

一座快樂休閒的城市

城市

UAILE

N DE CHENGSHI

錦里很中國，也很成都，讓你感受到一種現實和歷史的時空交匯……

中國宋朝有位大詩人陸游曾寫過這樣的詩句：“拂窗新柳色，最憶錦江頭。”這錦江頭就是成都，因爲在漢代時，成都的織錦業發達，成爲中國皇帝重要的貢賦來源，後世因此把“錦城”作爲成都的別稱，“錦”字在中國人的字典裏不但是一種針織品的簡稱，也是對生存方式的一種描述：錦簇花團、錦瑟年華、錦衣玉食、錦繡前程……

於是，在這種對生活充滿了憧憬與快樂的氣氛下，這座城市有很多令人難以忘懷的東西，尤其當你是第一次來到這裏，或只是匆匆而來、匆匆而去，有一個地方我勸你千萬不要錯過。因爲錯過了它，就等於錯過了成都的歷史與今天，錯過了那種很別緻、很休閒的質感——我希望每一個有機會能來成都的人，一下飛機或是火車，先不要去旅館或是其他的地方，而是應該直奔這裏：錦里——一個令人浮想聯翩的小街。

　　我和丹尼第二天就是直奔錦里的，雖然這條街並不長，但卻讓我想起了日本京都的河原町和東京的臺場一丁目，都是那麼地古色古香，那麼地熙熙攘攘，也都有名目繁多的店家和工藝品。但錦里讓我感到更親切、更國粹、更古典，特別是那種被中國人稱之爲“三國”的歷史濃情。關於什麼是“三國”，我後面還會解釋，因爲它跟錦里有太多的關係。很多外國人都知道成都，但不一定知道“錦里”這個名字；很多中國人都知道“錦里”這個名字，但不一定都走進過這條街裏……

　　錦里曾經是成都歷史上最古老、最具有商業氣息的街道之一，它可以説是成都的歷史記憶。我們現在所看到的這條街裏，用明清古鎮的建築風格，再現了蜀地民風民俗的一種鄉土魅力：一座高高的門樓下，是兩扇高達四米的黑色大門，門上有一塊黑匾，匾上兩個金色的“錦里”大字熠熠生輝。黑色的大門凝重、

森嚴，上面釘了很多拳頭大的門釘，整齊的排成幾十行，猶如古時忠誠的衛士站在城門邊認真守着城門一樣。灰色的磚牆，與古城門交相輝映，一股厚重的文化氣息撲面而來。走進門樓的一刹那，時光好像在千百年的風雲中一下子退了回去，一時間有一種不知身在何處的感覺。我好像在穿過歷史，穿過風雨，站在一條不忍移動的小路上。一抬頭，如射線般綿延而去的房子，黛青色的瓦頂，黑色的欄杆，色彩斑斕的店幡，或濃墨重彩，或清新素雅，招搖着成爲一道亮麗的風景。路的深處，是竹林，是荷葉，是輕烟，綠色恣意地生長，盤根錯節，幽幽間彷彿把一切都淹沒。我不禁愣住：倒底是時代穿越了層層時光隧道回到了遙遠的從前，還是從前的時光穿越了時代的輪迴佔領了現在？

　　錦里旁邊的武侯祠，是成都最著名的博物館之一，是爲了紀念"三國"時代(公元208-280年)的蜀漢皇帝劉備和丞相諸葛亮而修建的。中國歷史源遠流長，有五千年之久，爲何成都人偏偏對這八十年的歷史情有獨鍾？這是因爲有一部歷史小說《三國演義》，在中國老幼皆知，特別是那頭戴綸巾、手執羽扇的丞相

成都武侯祠過廳

諸葛亮，更被視爲忠誠聰明的典範。博物館裏陳列了大量有關他的資料和歷史文物，因而"三國"也就成爲中國人最爲熟知的一段歷史。

武侯祠無疑是最能體現中國人陽剛特質的一個地方，一個武侯祠把三國鼎立的歷史與氣勢表現得淋漓盡緻。給無數後來的中國人，特別是男人，帶來多少建身立業的夢想與決心？

……

走在錦里的巷子裏，你可以深切地感受到成都人的這種"三國"的情結，但同時也可以感受到一種女性的陰柔和偕永。在三國的古風民情中走着、走着，歷史的烙印就在脚下無聲無息地被歲月踏了出來：沿着一條長長的青石板路蜿蜒前行，宅邸、府第、民居、客棧、商鋪、萬年臺坐落兩側，房上的青瓦錯落有致，與武侯祠現存的清代建築融爲一體。成都歷史的民間日常生活，在你行走間，以原生態的形式逐一呈現於眼前。徘徊回味間，黃包車錯身而過；悠悠顧盼時，茗香撲面而來。你會感到四處暗香浮動：酒肆、客棧、戲樓、當鋪、刺繡、竹編、

織錦、燈籠、黑瓦、灰牆、青苔、翠竹……走在這古氣幽幽的巷子裏，只見川茶、川菜、川酒、川藥、川戲、名小吃、手工藝品等代表蜀文化的精華盡在其中，讓人恍若置身古老的成都市井：只見小商小販們放下"擔擔"，吆喝叫賣着各種地道的成都小吃：糖畫、鍋魁、蒸蒸糕……花上不多的銀子，不但可以嚐到地道的名點：牛肉焦餅、三大炮……讓你唇齒留香，還可以買到"譚木匠"的梳子、"韵泓"的筷子、"清雅軒"的彩陶以及"夜郎"的蠟染服飾。

在一個捏泥人的攤子前，丹尼一邊遞錢一邊從老藝人手裏接

過一個捏得栩栩如生的孫猴子。我湊到跟前，把架子上那一排泥人看了個仔細：手拿大刀的紅臉關公，搖着羽扇滿腹神機的孔明，憨態可掬的豬頭八戒，葬花的黛玉，巾幗不讓鬚眉的木蘭……這

一個個的小泥人突然像是有了靈魂，活生生在我們面前唱着一齣齣秦皇漢武的故事……在諸葛井前，一群穿着花衣、套着麻坎肩的姑娘們正拍着手念念有詞，已經在人們記憶裏消失很久的"編花籃"又重新出現眼前：大人在這裏追憶着逝去的童年，小孩則在這裏看往日的稀奇……從遊客

的語言中我可以聽出，有法國的，日本的，德國的，當然講英語的更多。這種風光對於他們來說，其衝擊感更要強過中國人，於是每個人都是舉着數位照相機或數位攝相機拍個不停。

丹尼在美國上小學四年級，對中國的歷史可以說是沒有任何的瞭解，但這並不影響他對一種叫"諸葛連弩"的玩具愛不釋手，每一次射擊他都大叫："我差一點射到紅心！"當年的諸葛連弩被開發成了射擊玩具，丹尼對這個能一次射十隻箭的古老兵器充滿了興趣，打了一局又一局，而且非要買一個扛回美國。還有那他從沒看過的響簧，兩張巴掌大的薄圓木片做成一面"小鼓"，鼓身開着幾道門，一根兩寸長的木棍黏在"鼓"中心，麻繩繞着它連着兩根竹竿。玩時，用竹竿上的麻繩勾着響簧的木柄，絞着，動着，藉繩子散開的力量，帶動響簧轉動。在轉動過程中，風從鼓身開着的門鑽進，於是，響簧就鳴叫起來。響簧隨着攤主抖動的繩子，像一個彈子在空中跳躍，嗡嗡叫着。丹尼驚奇地眼睛都不眨一下，看着攤主將響簧躍過繩子，跳到竹竿上，順着竿直溜溜地爬。攤主解釋說"這叫猴子上樹"，他隨之把身體一躬，"猴子"回到繩子上，從

豎着的繩子底端衝上頂端，旋轉着："這叫螞蟻上樹！"響簧跳躍着，呼叫着，像遠飛的哨鴿，將丹尼帶入另一種神奇……在錦里，外來的人可以觀摩成都市井生活的歷史標本，而當地人，則會被帶回到了滾鐵環和扯響簧的往昔。過去的日子，在這裏可以慢

具)雖然靜靜地靠在牆脚處，但"吱嘎嘎吱嘎嘎的響聲"似乎在耳畔縈繞，嗩吶陣陣。

我們被臨時邀請參加一場婚禮，於是走進了錦里中段的一間古色古香的旅館："錦里客棧"。這旅館由"客棧"、"隱廬"、"芙蓉第"三座風格各

慢地倒回來給你看……

長長的古街，呼喚着記憶，街沿上的木椅，有着睹物思人的意味。古街上"百姓尋根堂"是一個尋根問祖的場所古樸雅緻，只要把你的姓報上，你就可以發現數百年前、甚至上千年前某個先人，竟是稱霸一方的君主或諸侯。店內人聲鼎沸，尋根問底，尋找着自己根與心的落點。其實，根就在脚下，只是人們不願去相信。窗外的"雞公車"(一個很有特色的運輸工

異的清末民初建築群組成。走進庭院：廊坊、天井、花園，假山聳立，綠樹成蔭，流水潺潺，環境清幽，鬧中取靜。客房內部裝修古樸典雅，全套的仿古紅木家具。真想不到在這麼熱鬧的街上，居然有這樣一處古樸幽靜的旅舍。那場婚禮好似一場中國傳統婚禮的表演，新郎是英國人，新娘是成都姑娘，新人是坐古老的人力黃包車走進院子裏來的。婚禮現場氣氛熱烈，所有人的臉上都洋溢着微笑，新娘子

按照傳統習慣在閨房裏打扮、等待。當眾人擁着身穿大紅古袍的新郎到"閨房"迎娶新娘時，新郎受到了許多親友的"刁難"。因為不懂中國話，當司儀最後高唱"給女方的父母磕頭"時，新郎竟傻乎乎地誤以為這件事情與自己無關，準備離開。最後在眾人

忙？"我笑得差點把手裏的電話掉在地下，中文的發音有時差一點，意思就會差十萬八千里。

從客棧往前走不遠，一家叫卓尚蠶絲坊的手工仿古作坊圍滿了人，在看織錦的製作。錦是一種絲製品，是用成千上萬個桑蠶絲製成的，中國古

阻攔的笑聲中領悟過來，樂呵呵地三磕頭、敬茶、吃湯圓……一切都按照最傳統的方式圓滿地進行。

在眾人的喧鬧聲中，我的手機聲忽然響起，正好幫我擺脫了下面喝酒的應酬。和丹尼走出旅館大門，我在手機裏跟一個會說流利中文的美國朋友說，下次若再到成都，一定要住這家"錦里客棧"。他說你在哪裏？我說我在"錦里"，他大吃一驚地喊道："你怎麼跑到井裏去了？要不要找人幫

代只有帝王將相，有錢人家才能享受。織錦的步驟最重要的就是洗和曬，這樣才能有最佳的原材料做五彩繽紛的織錦。只見一只直徑約兩米的木頭飯甑，架在石頭砌成的竈上，甑裏蠶繭堆得冒了尖。店家先將蠶繭用木炭火蒸至八成熟，蒸好的蠶繭在水裏泡軟，然後將指頭大的蠶繭撕破。現場有幾名身着藍色土布衣的蠶娘，在木桶前熟練地將蠶繭剝開，然後拉成一尺見方，晾曬，分絲，最後掛在屋樑下陰

乾。在作坊的另一端，靠近木窗下，有一部手工織機在咯吱咯吱叫，織娘無聲地織着陰乾的蠶絲。但如果你不親自看過，你真的不知道這是何等不易。上萬條比頭髮絲還細的紗線被交織在一些木頭工具上，上千條線提着木棍不停上下，我看到的是由兩個人完成的，一個人在上面負責選線，一個人在下面負責用梭織布，兩個人分工明確不得有一絲差錯。我站了半小時，織了不到半厘米。但色彩絕對鮮艷，畫面生動的一絲一線都可以看得見，圖案做工絕對講究，這一絲一線能織出色彩如此亮麗，真想說此物乃天成也。

下午的斜陽透過窗户，將斑斑點點的金色灑落在古舊的織機上，灑落在織娘垂着的睫毛上，猶如一幅美麗的油畫……在她身後的牆壁上，掛着一張張絲織壁掛：松鶴延年、富貴牡丹、壽星獻桃……圖案很中國，也很成都。這個作坊真是一個絕妙的創意：讓你在買走一床絲被、一張絲綢壁掛的同時，也領略了幾近絕迹的古代紡織技藝。

在錦里街中的池塘邊，數十名遊客圍在一個小攤前，不時發出陣陣笑聲。一位身着紅色唐裝、下穿休閒牛仔褲的美國男人，正在用手中的畫筆描繪他身前的顧客：一名帥氣的小伙子坐在小椅子上，眉毛、眼睛、鼻子、頭髮、耳朵……隨着畫家手中畫筆

　　的勾勒，一個卡通的形象出現在大家面前，很誇張但很像。這個
美國男人很會推銷自己，居然用中文宣傳自己是布希總統親賜的
"諷刺漫畫家"。坐在他身邊的是一個典型的成都女孩、嬌小、秀
氣，頭髮棕黃。她坐在一邊一言不發，只有遊客詢問價格的時候
才略微說幾句。她的工作是把丈夫的作品塑封和收費，每張畫收
費三美元。畫家說他到過很多的城市，成都是他最喜歡的地方，
而且已經在這裏定居，"I like Jinli so much!" 他用濃重的德州口
音說。

　　漫畫攤旁有一個叫 "鷄啼蟬鳴" 的小攤子，攤子上的許多
小動物讓丹尼久久不願離開。這些栩栩如生的小動物是用棕櫚葉、
薄篾片等做原材料，經過道道特殊工序而編成的。那些小蟬小鳥，
幾可亂真。還有草鞋，千百年來它是勞動者的足下之履，農夫穿
它下地，樵夫穿它上山，工匠穿它做工，如今卻變成了旅遊紀念
品。

錦 里

在錦里還有一道最具喜劇色彩的風景線——更夫。他紮着頭巾，身穿小褂和"二馬褲"，脚蹬草鞋，提一盞燈籠和一面銅鑼。雖其着裝與半個多世紀前以打更爲生的更夫相同，但後者的凄苦形象在前者的身上蕩然無存。如今錦里的更夫是最靚麗的風景線，只要聽見他的銅鑼聲由遠而近，無數遊客的"長槍短炮"就瞄準了他，成了錦里上鏡率最高的明星。

穿過幽幽的巷子，眼前突然開闊起來，在一個古式的戲臺前我們停下了脚步。戲臺背景是一個大大的川劇臉譜，讓人不由自主地想起川劇的精華：變臉。戲臺的中央放了兩張太師椅，一個貌若天仙的女孩正在彈奏古箏，悠揚的樂曲四處飄蕩，讓人思緒起伏，彷彿回到了古時：戲子長衫拂袖，才子佳人，帝王將相……我雖然沒有看見任何川劇的表演，但是那種積聚了幾千年的春秋，卻慢慢地在戲臺周圍散開，溶化在空氣中，飄浮着的是一種叫"三國文化"的東西……這裏的氛圍讓我想起了麗江，甚至想起了維也納的那些小巷……如果說上海的新天地是一個舊瓶裝新酒的人造景觀，是上海洋派文化的一個華麗的佈景，那麼錦里就是成都歷史的一個回憶的斷面。

雖然錦里給人的第一感覺的確與上海的"新天地"很像，但當你在錦里内慢慢地行走、慢慢地品味，你會發現它其實有着很深的三國文化底蘊在裏面，這正是它與上海新天地的不同，亦是雲南麗江所無法比擬的地方。錦里是成都歷史教科書中的一頁説明，是成都本土懷舊的地圖，是"天府"的一條小街……遊蕩在這個迷人的巷子裏，會讓人情不自禁地陶醉。累了，坐下來小憩，喝杯清茶，品嚐一下過路人生的漫長。有人在美酒咖啡的飄香中舞蹈，有人在霓裳飄灑的木椅中沉淪。有人説：有了錦里，對成都的想念就有了細節……錦里最美的時候是黃昏：落日餘暉柔柔地灑在房頂上，燈火尚未闌珊，遊人的喧囂漸漸遠去，遠處的天空暗紅一片，宛若盛唐遺風……生活本身也是一臺戲，你我都是演員，坐看流年輕度。

　　走在錦里，凹凸不平的青石板猶如歷經滄海浮沉的老者，守望着古老的家園，無不給人以古樸寧靜的感受，如這春日蔚藍的天空，深邃得給人無限遐想。我駐足在街頭，抬頭望去，街道兩側，高低起伏，就連各家的招牌也不甘寂寞，或濃墨重彩、或清新素雅，招搖着成爲風景，但都古色古香，透着濃濃古意。我非常迷戀那三國茶園，其動人之處絕非只在盞中碧翠，來自和煦陽光、優雅涼風的天然冷暖才是在這裏喝茶的曼妙精華：古榕樹下青石板鋪就的院籬，紅牆邊茗香四溢的蓋碗茶，據說有時還能趕上聽一齣古老的川劇。

　　這裏的人太幸福，四川盆地的溫和氣候，都江堰幾千年來的無私灌溉，造就了這人間天堂。他們溫文爾雅，不急不慢，安享生活，但在吃的方面卻求奇、求異、求特。錦里最大的餐廳，是三國茶園對面的"三顧園"。三顧園是以三國故事爲主線的主題餐廳，從員工的服飾、餐具的裝飾圖案到菜單的設計甚至菜名都與三國相關。迎面進去是青石板鋪地，赭紅色木格子建築一式排開，頭頂有木頭橫樑、迴廊，各色宮燈懸掛廊下，五彩斑斕。我點的第一道菜爲八個三寸見方的小方碗，内爲涼菜，左組合，右排列，變幻出多種幾何圖案。身着漢裝的服務小姐輕啓朱唇説："這叫'八卦陣'。"後面的故事就順理成章了，草船形狀的器皿，盛着用竹簽穿起來的椒鹽小魚——"草船借箭"；一段段筒狀的苦瓜裏包着肉——"苦肉計"；一條刀狀的邊魚，去頭尾，一端用小白菜拼成"丁"字——"單刀赴會"。還有"孔明饅頭"、"三足鼎立"、"舌戰群儒"……光聽這菜名便已撩撥起我破解"錦囊妙計"的衝動，急切地想要洞悉其中的内藏玄機。

　　"綠心森林燒烤"，是一家將成都的路邊小吃變成高雅時尚的餐廳。對於"燒烤"，大多數人的記憶都有這樣的場面：昏暗

的街道旁邊，一輛三輪車在路邊擺開架式。老板用力的搧動蒲扇，將煤炭的火越搧越大，煤烟混合燒烤食物的滋滋聲飄然起來。三輪車旁邊的顧客或大嚼排骨，或細細品嚐一串有點燙的土豆。很俗，而且還有些不衛生，但是很好吃。於是"綠心森林燒烤"把這種好吃的東西帶到了錦里，把大俗的燒烤融入了裝修漂亮的現代餐飲氛圍之中，從此好吃客們吃燒烤有一個放心吃的地方。坐在其間，你會被那裏奇妙的氛圍所傾醉：古色古香的裝潢，燈

成都糖畫

光黃得讓你覺得溫暖，踩在吱吱作響的地板上，就像走入一家溫柔的小棧。點上一鍋鉢鉢雞，一份又香又脆的烤排骨，一碗雞絲湯，窗外的古街便有了特別的景象：泛着青光的石板路，角樓上的燈籠微光闌珊，有點恒古，有點現代的喧囂……

　　錦里是民風的，是草根的，是安逸的……滿街的各種小吃琳琅滿目，身着傳統服裝的小商小販們的吆喝聲、叫賣聲此起彼伏。吃"糖畫"是每個孩子都開心激動的事情，糖畫是將白糖、紅糖再加少許飴糖置於小鍋裏再放於文火上熬製，熬到糖漿牽絲時，糖畫藝人便用小湯勺舀起糖漿，在已抹上一層食用油的板上來回澆鑄造型。這時要求藝人眼疾手快，手不停揮，一氣呵成。稍有停滯，就可導致糖漿凝固，功虧一簣。造型完成後，黏上竹簽，用小鏟刀將糖畫鏟起來，稍俟凝結，便可插上草把出售。錦

里的糖畫題材廣泛，包括小説戲劇人物、花鳥蟲魚、飛禽走獸，平面的立體的造型都有，由於糖漿是流動的，故而同一形象決無相同的造型。觀看糖畫藝人澆鑄糖畫的絶活，欣賞糖畫的造型，是一種美的享受！小孩子們把錢交給小攤主，再看看插在稻草墩兒上的各式糖板畫，心裏選定一個喜愛的糖畫後，激動並期待地撥動那竹片做的轉盤針，瞪大眼睛看着箭頭轉動……雖然很難如願轉到心儀的糖畫，但最終還是能得到一個糖畫的。然後，就伸出舌頭，一點一點地舔那糖畫的糖……這種被當地人稱之為“轉糖板兒”的糖畫，是成都大街小巷常見的特色小吃，如同“擔擔麵”，“豆花兒”，“冰粉兒”，都是挑着扁擔沿街走賣的。丹尼拉着我東竄西跑，左手糖葫蘆，右手熱糍粑，可憐我除了照相外，還得騰出兩手，幫他拿着這樣或者那樣好吃的、好玩的、好看的。

成都的小吃是中國聞名的，錦里將它們集中在一起：三大炮、麻

辣串串，豆花。最有特色的是街尾那家蒸蒸糕，這可是屬於遠古的小吃了。我們好不容易擠到櫃臺前買了好幾塊蒸蒸糕吃個痛快、吃個過癮。蒸蒸糕是用玉米粉加糖做的，蒸的時候用很小的土瓷鉢放到氣上一蒸，半分鐘不到就好了，然後把蒸蒸糕放到荷葉上，荷葉的清香包裹着玉米天然的甜味，那叫一個自然的味道。吃了好幾個蒸蒸糕，真是過把懷舊的癮。

再往內走，各色旌旗招牌掛滿街巷。只見一店家木臺前陳列一大罈好酒，有男子過來大呼好酒，我轉身一瞧，身旁一褐衣漢袍大漢近在眼前，腰帶上有銅扣，滿面鬍鬚，皂黃頭巾，佩刀，扮作張飛，大聲吆喝着：「老少爺們，走進錦里，請品嚐我們地道的三國時代的牛肉。」這“張飛牛肉”賣的是故事而不是肉：相傳三國時代(公元215年)，太守張飛在四川八蒙山與敵軍相拒50多天，最後出敵不意，別道突襲，致敵慘敗。揮師回成都時，特以自己喜食之牛肉犒勞將士，後人將此牛肉製作方法傳於後世，故稱“張飛牛肉”。

秋色錦里

唐代詩人盧照鄰曾經描述當年錦里的繁華："錦里開芳宴，蘭缸艷早年。縟彩遙分地，繁光遠綴天。"對於成都來說，重建錦里不僅是讓人們多了一個休閒的去處，更有深意的是這去處

濃郁的古意。在巷子的中間，有一個小廣場，廣場由正方形的青磚鋪成，廣場的一側是一面照壁，上面是一個大大的"福"字，廣場周圍種着銀杏、小葉榕等喬木。走過一座石拱小橋，

引人遐想，蘊含着深深的歷史風情，迷漫着醉人的現代韻味。不經意間，走進一間仿古建築，高大的風火山牆內是雪白的照壁，繞過照壁才可以進入屋內。屋簷下掛着繪有劉備、趙雲等三國人物的燈籠，雕花的門窗、黑色的門板、寫着"茶"字的布幌子、立在石頭柱礅上的高大柱子、青磚黑瓦、滴水瓦當……一切都散發着陣陣

拱橋的欄杆上是各種浮雕，橋下小溪緩緩流過。在溪流的盡頭，是蜀錦頌浮雕長廊，浮雕通過一幅幅畫面反映蜀錦南絲綢之路的歷史。在該浮雕長廊的上面，是另外一幅關於蜀錦的浮雕，主要有採桑、煮繭等畫面。再往前，是成都有名的小吃"蛋烘糕"，那平底鍋如茶托一樣大，那爐竈更像是過家家用的玩具，我看着幾個清瘦漂

農家樂—民宿

亮的川妹子在厨房裏忙來忙去，簡直就像是看一群女孩子玩過家
家。她們有的做蛋烘糕，有的用很小很小的籠在蒸一種牛肉，還
有糯米糕，一會兒用手敲敲手裏的竹筒，一會兒敲敲蒸糕的竹籠，
邦邦邦，幾聲翠響，牛肉也熟了，糕也該出籠了，她們一邊手脚
麻利地給牛肉裹上碧綠的粽葉，一邊用清脆的嗓子喊一聲，只可
惜我聽不懂。

　　不知走了多久，經過漢肆牌坊，進入人頭攢動的美食區，
一個接一個的小吃店首尾相連，一眼望不到頭。什麼黃醪糟，軍
屯鍋魁，牛肉焦餅，冒節子粉，糖油果子，樂至鍋魁，叫化鷄，
樂山鉢鉢鷄，艾蒿年糕，三大炮，撒尿牛丸，龜苓膏，手撕兔，
冒菜，蓮子粥，鐵板燒烤，羊肉串，合川桃片，狗不理包子，水
餃，抄手，湯圓，怪味麵，醬排骨，兔丁……我一路拍着走過，
小心地盡量不碰着饕餮的食客。這裏面的許多小吃我從没聽説過，
於是就坐下點了一碗崇州蕎麵：小小的一碗，顏色偏黑，口感勁
道，佐料的口味更是地道，辣得够味，吃完後覺得意猶未盡……

　　對於我來説，有的地方，去了便去了，轉眼就忘記了；有
的地方，還没有去就開始憧憬，一旦去了，怕是此生都難忘了。

　　錦里於我來説，就是屬於那種無法忘懷的地方。特別
是當夜色降臨時，燈影幢幢的錦里又多了

幾分浪漫的情調。尤其是當那些大
紅燈籠一起亮起來的時候，真的好
漂亮！也許是眼睛已有了顏色的
緣故，四處瀰漫的是浪漫的情調，
不只是燈光的繽紛，就連遊蕩在
霓虹下的那一雙雙眼神，在錦里
都如出一轍地斑斕，似眸非眸地
像一幅超現實寫真。朋友説，錦
里的茶館是給恬淡的，給一壺清
香，品味這世間的淡泊。而錦里
的酒吧則是屬於夜色的，點一杯酒，

想一個人，然後閉上眼，合着舊朝的夢睡去。此時錦里最耀眼的是酒吧，你可以端一杯紅酒，靠在露天的躺椅上，品一口紅醇，聽遠處的更聲時遠時近……，或是坐在酒氣氤氳的吧臺

墜入夢境，似真似幻，一種"不知今昔是何年"的感覺漫上心頭。驀然迷失，深度沉醉，這是錦里的魅力所在。紅色在中國是吉祥、喜慶的顏色，也是我喜歡的一種顏色。於是，我走進

邊，開始幻想，開始沉醉……

入夜，錦里的大紅燈籠高高地掛了起來，時而有淡雅的茗香飄過，時而又縈繞着一縷咖啡的濃香。酒樓裏人聲鼎沸，商店裏燈火通明。把丹尼交給朋友領回家後，我仍舊在錦里遊弋着。倚靠在客棧二樓的窗邊，半閉着雙眼，喝一口清茶，用心地聽着、看着、回味着……有那麼一瞬，彷彿

這紅色裏……

錦里的酒吧各式各樣，雖然帶有點現代氣息，但這絲毫不影響它們和古鎮融爲一體。來到這裏，遊客們也都很願意在酒吧坐坐，因此酒吧是擁擠和熱鬧的。其實坐在酒吧的外面更有滋味：簡易的幾張方桌，兩條長椅相對而擺，一盞大紅燈籠就懸掛在頭頂上。酒吧一家挨着一家，人們盡情

地享受這難得的興致。耳畔傳來的是此起彼伏的歌聲，或是流行音樂，或是山寨民歌。在這樣一個處處都充滿了歡愉的地方，一切都是那麼的動人悅耳。酒吧讓這條短短的街道充滿你

族的、民俗的、宗教的模糊時空。讓顧客享受飲酒之樂的同時，感悟主人極力營造的文化環境，燈火闌珊時，忘卻纏身的俗事，短暫放飛空靈的心鏡。

所有的願望，有酒，有音樂，有朋友，有愛人，有回憶，有期望……我情不自禁地陶醉在這樣一個讓人忘記一切煩惱，讓人沉浸在周圍環境中的地方……

四方街：一間仿波西米亞風格和麗江小街老屋的酒吧，質樸、自然，結合精緻多彩的民俗情調，利用古董格陳列巧妙隔斷，展示著歷史的、民

曹營壩：融合了傳統蜀文化的精髓，加上了新古典主義的古樸、清爽、自然、大方，在由蒲扇作成的簡易吊扇下，你可以舒展地埋坐於寬大的沙發中，端一杯加冰的威士忌，伴着古樸的皮影燈，懷舊的唱片，讓散漫的心神流動於曼妙的音樂上，激蕩着你的視覺和感覺……

行形攝色：一個攝影主題風格的

酒吧，據說是成都驢友、攝友、自駕車友、東遊西逛友們喝酒、聊天、聚會、做夢、胡侃瞎吹的地方。無論你是奮進族、腐敗族、單身族還是深夜不歸族，都能在這裏找到"窩"的感覺。這裏是

許多人行走的起點和終點，也是許多人旅途中的驛站。人們在這裏或舉杯狂飲，或把盞輕玩，在慵懶與隨意間，安靜與瘋狂間，清醒與迷離間，接近人性的本色。這裏還常常舉辦旅行講座、影視看片會、個人攝影展、驢友交流會等等。

橙黃橘綠：有一首詩曰，"荷盡已無擎雨蓋，菊殘猶有傲霜枝。一年好景君須記，最是橙黃橘綠時"。"橙黃橘綠"是秋天的顏色，一年之中最美好的景色。裏面的裝潢正是配合了這個名字，在色彩繽紛中，舒適的

高靠背印花沙發，舒緩的懷舊音樂……壓一口醉人的純釀，唇齒留香，烟缸中未熄的雪茄烟雲帶着恍惚的思緒慢慢上昇。在樓梯的暗處，巨型的雕花鏡子從樑頂直落地脚。站在鏡前，環顧四周，彷彿三國的遺魂在此延伸……

煮酒坊：不顯眼，但是很溫暖：木樓、木桌、土碗、土杯、幾碟花生滷菜，一樽現煮的高粱酒，陳列架上的瓶瓶罐罐，總有一個適合你。窗臺上有三支竹製品，知道是什麼嗎？這是用竹筒做的民間用的一種量具，用於量各種液體。量酒的就叫"酒提子"。沿着環型的木梯來到二樓，眼前豁然一亮，木牆四壁上掛着斗篷、蓑籬、葫蘆，甚至還有一把弓。推開木窗，我一邊欣賞錦里夜色，一邊燙着那個笑咪咪的老板娘送上來的青梅酒，就着一碟毛豆，一碟茴香，一碟豆乾，頗有當年"三國"煮酒論英雄的感覺哦。

窗子對面的酒吧名叫"喜福會"，下面用英文寫着"west meets east"，傳承着歐美的簡約風格，純正的現磨咖啡，正統的西式點心，以及各式歐美流行飲品，將錦里古街的樸實和鄉土溶入意大利的浪漫風情裏。酒吧外面的桌子旁幾個外國人和中國人相談正歡，此情此景，與店名相映成趣。四下望去，酒吧一家連着一家："黑根"、"醉三國"等……錦里最美的時候可能就是此刻了，燈火尚未闌珊，遊人喧囂的聲音漸漸遠去。在濃郁的酒香中，時間悄然流逝，三杯好酒下肚，便讓我感到熱血沸騰、雄心蕩漾，甚至開始想激揚文字、指點江山了。

2000多年前，在成都的一口古井前，爲情私奔後生活無依無靠的卓文君正在取水煮酒，而一旁的司馬相如正在溫書備考。就因爲司馬相如當初的一首"鳳求凰"打動了富家美女卓文君的心，她毅然選擇了跟隨家徒四壁的才子司馬相如私奔，爲的是"願得一人心，白頭不相離"。文君井邊不再有"鳳求凰"的琴聲，如今卻能時常看到川劇"鳳求凰"的上演，很多人爲了求證一份傳世的愛情故事來到成都，來到錦里，看看這個滋養了靡靡風情的地方到底爲什麼造就了那個經典的名句——"少不入川"。

蓮花府邸是錦里一個有着大戶人家門面的酒吧，卻以Lounge的靈動節奏營造氛圍，透明玻璃恰到好處地隔斷了空間

蜀繡

卻又未阻礙視線，最妙的莫過於生機盎然的陽臺，這片綠讓人幾乎分不清自己是在某個古代人家的閣樓上憑窗依欄，還是在紙醉金迷的現代都市尋得一方平靜。推開門，撲面而來的是影牆，古色古香的點綴，從屋頂到牆角，視線所及處，都是詩意。狀若蓮花的蠟燭被放在水裏，有風吹過，粉色的絲質帷幔輕舞飛揚，珠簾微晃處，人影綽綽，一個側起，一個轉身，簾捲處，人比蓮花羞。順着一個通道，是另一個露天的歡場。旱石假山恣意的堆砌着，心形的池塘鋪滿蓮花，花正當盛開時，自然是分外妖嬈。因爲太美好，恍惚中竟然覺得看到的一切像是夢境。沉醉有時，夢醒有分，人生最大的快樂也不過如是。坐在酒吧裏，眼前的這一切讓人恍惚：一邊是有着厚重歷史感的古建築和歷史名人，一邊卻是徜徉在時尚前沿的摩登酒吧，在這樣一個或夢或幻的視覺空間裏，你無法清醒⋯⋯錦里雖然只是一條很小的商業街，但它散發出的那種最具成都草根氣息的味道，就像一個美麗的川妹子，給外來者一種極本土、極熱情、極好客的感覺。那些綠茶、蠶絲被、蜀錦、蜀繡，以及食攤裏擺着的實惠的成都小吃，那些隨風

晃動着的酒幌、招牌，和那窗上貼着的土紅的剪紙，門欄上掛着
大紅的燈籠，那浸着濃濃川味的吆喝聲，和熙熙攘攘的人流……
真的很錦里！

　　錦里很中國，也很成都，它讓你感受到一種現實和歷史的
時空交匯。其實，目前中國所有的城市建設都面臨着一種危機，
一種無法擺脫的套路，一種被鋼筋水泥所覆蓋，沒有任何個性，
給人千城一面的殘酷印象。這種危機甚至在歐美亦開始流行，人
們發現，在城市形象全球化的過程中，城市的獨特個性和文化內
涵也在不知不覺中消失。當麥當勞、星巴克在世界的每一個角落
落地生根，當不同的城市街道唯一的區別只在於同樣店鋪的不同
排列和組合時，人們面臨的是又一次的文化危機。當這樣的現代
化成為一種共性時，也許它便不能被稱為真正的現代美，而是變
成一種文化上的模仿和停滯。

　　錦里雖不能完全代表成都的歷史和文化，但它所傳達的信息
卻是積極的——傳統也可以美麗，傳統文化也可能有相當大的無
形價值。當外國遊客喝着煮酒坊燙熱的白酒，在三顧園用筷子夾
起麻辣豆腐時，這種意象的背後其實就是一種中國文化的魅力和
成都概念的外延。錦里將成都傳統建築的重建和三國文化的保留
有機地結合在一起，代表的是蜀文化的一種延續，它比那些貌似
風光的水泥森林更有其內涵的價值。而這種價值不僅僅是在經濟
上使成都受益，也將使成都在文化和歷史上得到更大的利益。每
個地方都有一個聚集的理由，一個地方能夠充分尊重過去，讓獨
特的歷史文化成爲一種聚集人氣的亮點，就能使人充分領略到和
諧與包容，來了就不想離開。

　　錦里吸引人的地方就在這點，哪怕曾經只是在這裏喝過一
口茶，吃過一口串串香……有一種很細微的感覺牽引着你的感官，
或者說是撥動着你心裏的一條弦。那種感覺像女子柔軟的手，慢
慢地拉起你的手，然後擁入她溫柔的懷抱一樣……

Tips

錦里

地址： 成都市武侯祠大街231號

電話： 028-66311313

網址： www.cdjinli.net

錦里位於成都市中心一環路以內，與著名的武侯祠僅一牆之隔。公交車1路、10路、94路、109路、57路、304路、306路均可到達。距機場30分鐘車程、火車站20分鐘車程。

錦里入駐了三國茶園、三顧園餐廳、色香味名小吃、錦里客棧、蓮花府邸酒吧、煮酒坊、醉三國酒吧、張飛牛肉鋪、諸葛連弩店、開門大發雜貨鋪、品月堂珠寶玉器店、夜郎蠟染坊、喜神坊、錦繡館、蜀中寶蜀錦店、卓尚蠶絲坊、蜀濤茶葉店、嬌子烟館、水井坊、欣盛源參茸行、寶鏡齋、百姓尋根堂、湯麻餅、久久丫、V驛站、哈根達斯、綠色森林燒烤、青扇羽、清雅軒、蜀中寶、豫妹、東倩西顏等40多家商號，或看或買，或吃或住，盡可領略成都民風民俗的獨特魅力。

住：

錦里客棧：

以明末清初建築爲主，由客棧、隱廬、芙蓉第三座風格各異的建築群組成。庭院內有廊坊、天井、花園、房前屋後，假山聳立，綠樹成蔭，流水潺潺，環境清幽，結構完整、布局合理。客房內部裝修古樸

典雅，配套仿古紅木家具，現代高級衛浴，網絡光纖，中央空調。

"浮生若寄誰非夢，到處能安即是家。" 到了這樣的客棧面前，難道不想此處即安嗎?

電話: 028-66311335

傳真: 028-85552516

吃:

三顧園:

一家以三國故事爲主綫的主題餐廳，從員工的服飾、餐具的裝飾圖案到菜單的設計、甚至菜名都與三國相關。迎面進去是青石板鋪地，赭紅色木格子建築一式排開，頭頂有木頭橫樑、回廊，各色宮燈懸掛廊下，五彩斑斕。

電話: 028-85586381

綠心森林燒烤:

一家將成都的路邊小吃變成高雅時尚的餐廳，把市井的燒烤帶入了裝修漂亮的餐廳中。坐在其間，你會被那裏奇妙的氛圍所傾醉: 古色古香的裝潢、燈光黃得讓你覺得溫暖，踩在吱吱作響的地板上，就像走入一家溫柔的小棧⋯⋯

電話: 028-66311339

好吃一條街:

鉢鉢鷄:

用盆子盛着（這可能是得名的緣由），一塊塊的鷄肉、鷄雜，用竹簽穿着，浸泡在濃濃的作料裏，聞着就香。

葱香土豆:

把土豆煮熟後去皮切塊，放進平底油鍋裏翻炒。加各種作料，炒到表面金黃，起鍋時加上孜然、葱花，盛在塑料小碗裏，很香。

冰粉:

用一種叫涼草的植物的漿製成，像果凍，但更細嫩，黑色或者褐色，加刨冰、紅糖水，涼爽甜蜜細滑。

烤紅薯:

用一個烤爐，中間是碳火，爐壁是紅薯，反覆翻烤，紅薯就烤熟了，很遠都能聞到香味，咬一口在嘴裏，又甜又糯。

葉兒粑:

用糯米粉包肉餡或者糖餡，外裹菜葉，蒸熟，賣的時候喊着："葉兒粑，葉兒粑喲……"。

## 龍頭小吃：

一個形似龍的銅壺架在火爐上，水隨時都是滾沸的，有人要吃，把蕨粉放進碗裏，放開水一沖就熟，旁邊還有銀耳湯。

## 酸菜豆花：

有淨豆花、排骨、三鮮、鮮肉等品種，好吃又不貴。做法很簡單，把豆花、酸菜、豆芽、平菇、火腿腸、軟漿葉等放進熬好的肉湯內煮，煮好即食。邊吃邊煮，邊煮邊吃。老板根據客人數量調整原料的量，因爲是按客人數量收費的。所以一個人也可以吃，一幫人更熱鬧。

## 酸辣粉：

類似中國北方的粉條，但更細嫩。原料是紅苕澱粉加水調和，盛進漏勺，一手托勺，一手拍打，使苕粉成細絲狀流進沸水，煮熟即撈出以涼水冰透待用。調料是辣椒、醋、花椒等，又酸又辣，很是過癮，年輕女士尤其喜歡。

Tips

鍋魁：

把麵擀成薄薄的長橢圓形，在麵上均勻鋪餡，不同口味有不同的餡，一般是按比例加了黃豆粉、芝麻、大蔥、生薑、精鹽、香鹽、白糖、花椒、桃仁、甜醬、花生米、豆豉等作料的鮮肉餡，然後把長橢圓形的麵皮卷成圓筒，把圓筒立起來，拍扁擀薄。兩面撒上黑芝麻。再放到平底鍋上用香油煎，煎到兩面金黃。

真正吸引人的，不單是鍋魁的好吃，而是鍋魁的製作工藝。鍋魁師傅很張揚的樣子，在擀麵的間隙，將一根擀麵杖在桌子上敲得震天響，帶着固定的節拍，如敲鼓一般，很是悅耳。鍋魁其實是買一贈一，買鍋魁，免費看表演。

購物：

卓尚蠶絲坊：

是一個採用千年古法製作蠶絲被的的傳統手工作坊，它來自中國歷史文化名城，四川的蠶絲之鄉——閬中。其生產的華光牌蠶絲被等蠶絲製品均是以川北山區的優質蠶繭爲原料，經浸泡、蒸煮、做袋、成片、晾乾、再經扯、拉、鋪、熨、衡、縫、整等工序精製而成。它輕盈透氣、柔和舒適；具有促進睡眠、禦寒恒温、防蟎抗菌、追風除濕等保健功能。不含任何有毒有害的化學成份，純係綠色環保產品，是孝敬父母，饋贈親朋，溝通情感的理想佳品。

映像坊：

　　這裏的T-shirt上都印着個性十足的圖案，文字、臉譜、頭像……保證大街上沒有人和你撞衫。小店的裝修非常細膩有格調，木地板上顯眼地鑲着一大塊泛着柔和亞光鐵皮，上面烙着精心設計的店名和logo。藝術的店名，五彩的燈籠、木製的櫃臺、牆上小巧精緻的畫像，角落裏悠閒自在的小金魚，每一處都是獨到的風景。

福晟坊：

　　灰磚老牆，紙糊的燈籠，窗口靠着一輛絕迹的鷄公車，窗内透出泛黃的燈光，你能想像這樣傳統古老的小店裏居然要賣義大利的"愛神小醜"嗎？

酒吧：

蓮花府邸：

　　大户人家的門面，古色古香的點綴，從屋頂到牆角，視線所及處，都是詩意。移步向前，抬頭看天，透明的玻璃恰到好處地隔斷了空間，但不能隔斷人的視綫，遙望蒼穹，是水一樣的寧靜，身處繁華，卻是火一樣的喧囂。最妙的不過陽臺了，推門見綠，站在陽臺時，你就成了綠。有那麼一瞬間，幾乎不能分清，究竟是站在古蜀某個大户人家的閣樓上憑窗倚欄，還是在紙醉金迷的現代都市尋一個心靈慰藉的港灣。這

裏有法式西餐和雞尾酒，也可以叫杯咖啡或清茶，在Lounge的音樂中，沉坐在舒適的沙發中，嘴角帶着笑意，歡愉地享受每段旋律的流動。也可以起身，曼妙輕擺，讓身體每一個細胞，隨着節奏優雅律動，讓酒精和音樂在身體裏引起絕對享樂的化學變化，以夜色的浪漫及神秘爲主題，在隨着空氣漸漸飄散出的迷人氣質裏，感受無可救藥的絕對享樂歡愉。

電話：028-85537676

四方街：

波西米亞風格，自由、質樸、自然的原旨，結合麗江小街老屋酒吧精緻多彩的民俗情調，裝飾多種室內植物，利用博古陳列架巧妙隔斷，展示歷史的、民族的、民俗的、宗教的和藝術的多重內容。讓顧客享受飲酒之樂的同時，感悟主人極力營造的文化小環境。燈火闌珊時，小樓之上模糊時空，重疊多種文化表象的有趣情調，忘卻纏身的俗事，短暫放飛空靈的心境。

電話：028-85569947

喜福匯：

卡羅TOO的姊妹店。傳承歐美的簡約風格，伴隨經典的異國音樂，品味地道的意大利美食，純正的現磨咖啡，正統的西式點心，以及各式歐美流行飲品。

置身輕鬆的英語交流環境中，望着門外嬉鬧的人群，飄蕩的思緒在錦里古街樸實的鄉土和意大利的浪漫風情間，不停穿梭、瀰漫。

電話：028-66311308

曹營壩：

融合了傳統巴蜀文化的精髓，加上了新古典主義的古樸、清爽、自然、大方，在由蒲扇作成的簡易吊扇下，埋坐於寬大的沙發中，伴着古樸的皮影燈，懷舊的唱片，散漫的心神流動於曼妙的音樂上…淡淡的瞄着泡在威士忌中緩緩融去的冰塊，不經意時，三國文化的千年軌跡隨着手指間的裊裊香烟，激蕩着每一個後人的視覺、感覺……

電話：028-85550388

煮酒坊：

"青梅煮酒論英雄"，既然已大口吃肉，豈有無大碗喝酒之道理？木樓、木桌、土碗、土杯；幾碟滷菜花生、一樽現煮現賣的醇香高粱酒、米酒、黃酒，連水果和啤酒也可隨意的煮上一煮。二三十元皆可呼朋喚友、開懷暢飲。三杯煮酒下肚，熱血沸騰、雄心蕩漾，臨窗遠眺，揮斥激揚，仿效古人指點江山。

電話：028-85583698

# Tips

### 行形攝色：

　　一個户外主題風格酒吧。是驢友、攝友、自駕車友、東遊西逛友……喝酒、聊天、聚會、交友、做夢、胡侃瞎吹的場所。無論你是自虐族、腐敗族、單身族還是深夜不歸族，在這裏都能找到"窩"的感覺。這裏是你行走的起點和終點；你旅途中的驛站和家園。或舉杯狂飲，或把盞輕玩，在慵懶與隨意間，安靜與瘋狂間，清醒與迷離間，接近自然本色。驢友們在這裏，通過專線出行講座，論壇、幻燈、影視看片會，個人攝影展覽，驢友交流會等等，交流經驗相識相約，挽手同行。

　　電話：028-66311332

### 橙黄橘綠：

　　荷盡已無擎雨蓋，菊殘猶有傲霜枝。一年好景君須記，最是橙黄橘綠時。秋冬本是草本蕭疏的季節，可在"橙黄橘綠"卻是那麼色彩鮮明，富於生機，一年之中美好的景色，在此皆有一番詮釋。舒適的高靠背印花沙發、甜甜的懷舊音樂；壓一口醉人的純釀，唇齒留香，烟缸中未熄的雪茄烟雲帶着恍惚的思緒慢慢上升、再升……樓梯暗處，巨型的雕花鏡子從樑頂直落地脚，站在鏡前，環復四周，彷彿《2046》的非常演繹在此延伸。

　　電話：028-85583698

## 醉三國：

融合了傳統蜀文化的精髓，加上了新古典主義的古樸、清爽、自然、大方，在由蒲扇作成的簡易吊扇下，你可以舒展地埋坐於寬大的沙發中，伴着古樸的皮影燈、懷舊的唱片，散漫地端一杯加冰的威士忌，讓心神流動於曼妙的音樂上，激盪着你的視覺和感覺。

電話：028-85550388

## 黑根・四方街：

一個能讓人找回那個漂浮於胭脂粉黛間樸素迷離的心神的所在。每一縷燈光都充滿了誘惑，每一寸空間都洋溢着浪漫⋯⋯二樓屋樑下，絕色的肚兜、纖秀的三寸金蓮，燎燒着你的快樂和悲傷，你的憂鬱和懷念，你的迷茫和期望，你的過去、現在和未來⋯⋯或獨自品味，或盡情分享。所有的一切，都在夜色中瀰漫成醉人的酒香。

電話：028-85569947

一座 唇 齒 留 香

一座唇齒留香的城市

YIZUO

A

# 成市
# UNCHI
# DE CHENGSHI

要想真正讀懂成都，你必須用“口”去品味……

我到過世界上很多的城市，體驗過許許多多的都市風情和風光，我知道品味一座城市，除了用"脚"去丈量，你還可以用"心"去感受，用"眼"去觀察。但對於成都這樣一個很特別的地方，也許還要用"口"才能真正品味到它的真諦。

上世紀80年代初我到成都時，在鹽市口，有家副食店，賣一種臘豬頭，是把豬頭壓扁成扇子形後再醃臘。成都人給它起了個文謅謅的名字——蝴蝶豬頭。那豬要是天上有知的話，還不得苦笑一聲：你們要吃我，何必還起個這麼美的名字？我後來在美國問過好幾個成都人，他們居然不知道。讓我很是懷疑他們是不是冒牌的成都人……文化宮旁的擔擔麵館是我的最愛，一兩糧票九分錢一碗，店裏永遠是人頭攢動，個個吃得咪溜咪溜的，滿頭是汗，滿嘴紅油。等位子的人要緊靠在吃客面前，寸步不離，稍微不留神，吃客起身的一刹那，凳子就從側面不翼而飛。擔擔麵的鄰居是夫妻肺片，門口永遠都排着端飯盒的長龍——只記得一碗切得薄薄的牛肉片和牛雜碎，泡在紅辣油裏，第一口吃下去，辣得我嘴裏如火燒一般。找服務員要白水，對方竟給我端來一碗熱湯。這下可好，熱湯進嘴後，眼淚就掉下來了……

　　"夫妻肺片"實際上是一種涼拌牛雜，用牛心、牛肚、牛舌、牛筋等下腳料，滷好後切片，把用辣椒、花椒粉、花生末、芝蔴末及芹菜末等精心調製好的料汁淋在上面，紅油重彩，顏色透亮。吃到嘴裏，麻辣鮮香、軟糯爽滑，脆筋柔糜、細嫩化渣。關於"夫妻肺片"的民間傳說是：民國初年時，有一個牛肉鋪的伙計叫郭朝華，見到肉鋪裏的一些雜碎棄之無用，便拿回家裏。然後和妻子將這些東西洗乾淨切片，用自製的調料拌好，拿出去賣給一些苦力和貧民。因爲東西做得認真，味道很好，價錢又便宜，慢慢地就出了名。因爲二人在街頭叫賣時行影相依，夫唱婦隨，所以人們就稱他們賣的涼拌牛雜叫"夫妻廢片"，既貼切又親切。後來漸漸地名氣大了，將"廢"字改成了"肺"字……成都許多的小吃都有類似的故事，讓你在吃中不但感覺着只有在成都才能嚐到的味道，亦感受着一種川菜特有的文化。中國民間一直有"吃在四川，味在成都"之説，川菜爲全國四大著名菜係(京、川、蘇、粵)之一，其以麻辣清鮮見長，風格多樣，素有"一菜一格，百菜百味"之稱。魚香、宮保、水煮等特殊風味妙絕天下，回鍋、鍋巴、泡椒、豆瓣等烹調手法名播四海，還有首屈一指的成都小吃更是贏得"甲天下"的美譽。成都地處盆地中心，物產豐富，商旅如雲，文星薈萃，加之這裏在整個歷史長河中少有戰亂之虞，民安逸樂，因此成都人捨得在吃上花功夫。歷史和生活給了他們充裕的時間、精力和志趣。成都菜品種繁多，製作精美，選料嚴謹，味道多變，色香味形俱全，包羅了川菜的所有精華。僅成都名小吃就有近兩百種，如春熙路的龍抄手、總府街的賴湯元、荔枝巷的鍾水餃、耗子洞張鴨子、洞子口涼粉、長順街治德號小籠蒸牛肉等等。民以食爲天，一個城市如果對飲食文化異常講究，那麼也就能充分證明這個城市的居民是非常善於享受生活的。而成都就正是這樣的一個城市。

　　成都朋友在紅杏酒家宴請我們的時候，我第一筷子夾上來的就是一塊正宗的回鍋肉。不要小看這回鍋肉，這可是川菜裏的"天下第一香"。主人説，回鍋肉源於民間祭祀，係將敬鬼神、祭祖宗的煮熟的豬肉在敬獻之後拿來回鍋食用，因而稱“回鍋肉”。回鍋肉本是一個非常講究的菜，從選料、煮、切、炒都很講究，要做回鍋肉，選料要精，首先這肉必須是薄皮川豬的臀尖二刀肉。川菜名廚有句話：一頭豬做不了三份回鍋肉，足見選料這一關之高。肉不能瘦亦不能肥，半肥半瘦最好，且要帶皮。回鍋肉的“回”字，很能説明這道菜製作過程的特點，它是先煮後炒，煮時肉成整塊，一般至六七成熟即須撈起，待微冷之後再切成片，説是片，其實也可叫塊，因爲不能切小了薄了，而要略大略厚。回鍋肉煮好切好後便要再下熱鍋炒，故而才有了回鍋的美名。炒時加蒜苗，調料除醬油外，須用郫縣豆瓣醬，還須加少許糖，倘有甜醬油則更地道。炒時要掌握好火候，肉微微起卷時起鍋最好，俗稱起“燈盞窩”。成都附近有個小鎮名叫連山，連山回鍋肉十分有名。名在哪裏？就在於每一片肉都二兩上下，巴掌大小，小指頭厚，吃起來却肥而不膩，香辣可口……

有人説：世之烹飪始於成都。這話猛一聽起來，似乎有些誇張，但事實上早在五千年前，成都地區就已有烹飪。從史籍記載和考古發掘出的許多器皿實物上看，成都的烹飪在隋唐五代川菜餚品種更爲豐富，經元明清三代將川菜形成了獨具風格的體係。至清末民初，川菜技法日益完善，麻辣、怪味等衆多的味型特色已成熟定型，成爲中國地方菜中獨具風格的一個流派。

隨着川菜的聲名大振，連外國人都開始被Szechuan（川菜的美式英文）美食所征服。因爲早期國外的中餐館多爲粵菜，也就是廣東菜，川菜在食物品種上，遠不如廣東菜廣博。但是近年來，由於新川菜經過改良，品種越來越多，加之烹飪方法又遠比廣東菜豐富。同樣的原料，換着法地做，口味越來越精，讓川菜成爲一種世界性的流行飲食。特別是在美國，幾乎所有的城市，都有數家甚至數十家被冠以Szechuan Restaurant（四川飯店）的中餐館，川菜以雷霆萬鈞之勢，橫掃美國龐大的中餐業，成爲今日海外中國菜的主流。

美國人保羅弗雷明(Paul Fleming)早年到成都旅遊時，成都美味的菜餚給他留下了不可磨滅的記憶。爲了這段記憶，也爲了能隨時滿足自己的胃口，1993年他在美國鳳凰城附近的斯科茨代爾（Scottsdale）開了一家叫"華館"（PF Chang's China Bistro）的四川菜館。没想到立即受到老美饕客們的熱烈追捧，使他不得不接着開第二家、第三家……最後竟然開到了上百家，甚至還在華爾街上市（股票PFCB），成爲美國四萬餘家中餐館中唯一上市的公司，股票價格也從剛上市的幾美元上漲到今天的四十多塊，2005年的營業額高達6.75億美元，由此可見成都菜的魅力。

成都菜的品種非常豐富，並且在不斷改進，不斷豐富，新

越做越精緻的新派川菜

川菜大有遍地開花之勢。這些新川菜的聚集地就在羊西線美食一條街上，它既有川菜、粵菜等中餐酒樓，也有大型的火鍋酒樓，甚至還有雙流老媽兔頭這種特色小吃，可以說包括了各種傳統的、新派的餐飲企業：銀杏、聖淘沙、南臺月、榮興苑、快樂老家、福萬佳、獅子樓、大蓉和、陶然居、麗景軒……一直西延到三環路立交橋外，這些風格各異的酒樓都有自己的招牌菜，憑此傲立。如陶然居的辣子田螺、芋兒燒鷄和串串兔；毛家飯店的紅燒肉、臭豆腐和剁椒魚頭；紅杏酒家的紅杏鷄和鱔段粉絲；大蓉和的開門紅、蓉和第一骨、吉利香菜丸等都是久負盛名的美味佳餚。在火鍋方面，榮興苑、快樂老家、福萬佳、獅子樓、大白鯊等都是成都老字號，依然一如既往地火爆，可見其功力絕非一般。

　　但不管新川菜如何改良，有幾樣傳統的東西是不能改的，

五大菜系蓉城打擂

如辣椒和泡菜：成都人一生都離不開泡菜和辣椒。成都的泡菜品種繁多，每次吃飯時，不管你點什麼樣的大菜佳餚，首先上桌的不是泡辣椒，就是泡生薑、泡酸菜、泡蘿蔔……凡是蔬菜，成都人都泡。川菜中的煎、炒、燜、燴、燒，都有泡辣椒、泡生薑提味。就連炒南瓜絲這類的蔬菜，他們也加泡辣椒。在葷豆花、爛肉豇豆、爛肉蓮白、肉末蘿蔔這些家常菜中，泡豇豆、泡蓮白、泡蘿蔔甚至成了主角。不僅如此，泡菜亦獨立成為道道小菜，泡黃瓜、泡叫頭、泡蒜苔、泡竹笋、泡豇豆、泡蓮白，常常是早餐中作為吃稀飯、饅頭最好的開味菜。當然，辣椒在川菜中占有更重要的地位，川菜講究的“麻、辣、鮮、燙”四個特點。哪一樣也缺不了辣椒。如麻婆豆腐，如果只具有“麻、鮮、燙”而沒有這個“辣”，一勺吃下去，沒有辣的感覺，這道菜就算失敗了。辣這麼重要，但在實際使用過程中也是不能濫用的，其比例更是一絕，川菜的最精妙處也就在這裏了。如果比例不得當，就絕對出不來誘人的香氣和絕妙的味道。麻辣的調製在各種菜中其比例各不相同，因菜而異。水煮牛肉要辣而鮮，麻而香，牛舌窩筍要辣而爽，麻而輕等等。總之，要講究辣得適口。

為了真切體驗成都小吃的物美價廉，我和丹尼滿大街地找美食。常常是買一份小吃分着吃，你一口我一口，嚐個鮮，留着肚子還得趕下一場。我們曾在一天之內用不到二十美元吃了五頓飯：

**早點：擔擔麵、燉雞湯**

從市中心的天府廣場乘4路公共汽車，在“八寶街”站下車，對面就是一家電影院。電影院左邊的有家老字號燉雞麵。點四兩擔擔麵，二碗燉雞湯。這家燉雞湯和擔擔麵最爲地道，但一定不能去得太晚，該店過了中午一點就打烊了。總共花費10元。

## 午餐：陳麻婆豆腐

乘27路公共汽車，在“青羊宮”站下車，一眼就看到這家據說是資格最老的麻婆豆腐店。點一個當家菜，再點些有四川特色的其他菜陪襯一下。花費總共20元，還沒有吃完。在正宗的老字號裏，我們只吃經典，否則下頓就吃不下了。

## 加餐：譚豆花

還是乘4路車，在“北巷子”站下車。店雖小，可是名聲在外，下車後隨便找人打聽“小譚豆花”就找着了。點小譚豆花，夏天最好點一份冰醉豆花，用的是甜米酒做的豆花。我們吃了二碗，花費10元。

## 晚餐：成都皇城老媽火鍋店

吃了這家你才知道，餐館也可以做到人聲鼎沸的地步。這家成都最負盛名的火鍋店獨占整棟大廈，門口的一整面牆做成川西民居的雕塑，大廈柱子的鋼筋故意外露。進入裏面，裝修完全現代派，很有品味。我們點的是鴛鴦鍋，一半辣一半不辣，兩人花了100元。

### 夜宵：

回旅館前，在街上買了些棒棒雞和九尺板鴨等，不到10元。

成都的菜除了口感好，觀感也同樣不錯。曾走進一家名為"布衣"的酒樓，門口有一店銘："人類不滅，餐飲不休，川菜萬歲，飯店千秋"。拾階而上，兩旁輔以石磨、風車、老井，酒樓外觀如川西古代民居，內望如鄉間大院。其招牌菜白切雞，一反碼得整整齊齊的常態，而是泡在冰涼的湯汁中，點綴着嫩黃的泡椒，鮮艷的泡胡蘿蔔，透明的泡薑，碧綠的青豆。鮮甜之外略帶微酸，很有特色。其它的如辣子脆腸、豆腐鯽魚、回鍋厚皮菜等都麻辣鮮香，特別"川"味。還有那三大炮的製作表演，只見廚師把糍粑團兒搓成圓球，隨手一揚，在依次排列的銅盤裏咚咚咚連跳三下，雪白一身便沾滿一層香酥酥的黃豆粉花生末。再醮了紅糖汁來吃，吃起來又香又糍，同時還觀賞了一遍雜耍絕活。你不得不讚嘆成都人的口福，怎麼尋常材料竟可以弄出這千種花樣美不勝收的佳品來？

　　成都人很好客，而好客的標誌之一就是請吃飯。外地朋友一到，屁股還沒坐熱，成都人便會領他滿大街地轉，走一路吃一路。什麼擔擔麵、韓包子、譚豆花、郭湯圓、葉兒粑、夫妻肺片、麻婆豆腐等等，單聽那名字，你就暈了。讓你一下子就明白，何以成都人一提起北方的飯就嗤之以鼻。每一種川菜都有其一段歷史與傳說，這是川菜文化的根，也是整個川人的根。成都小吃也一樣，不但品種繁多，而且還皆有故事：如川菜流傳最廣的"麻婆豆腐"，據傳為清代同治初年成都萬福橋陳興盛飯鋪的主廚掌寵陳劉氏所創，因陳劉氏臉上的麻子得名。

陳氏所烹豆腐色澤紅亮，牛肉粒酥香，麻、辣、香、酥、嫩、燙、形整，極富川味特色，飯店因此冠爲"陳麻婆豆腐"。成都與廣州，是中國最講究吃的兩個城市，因此有"食在廣州"和"吃在成都"兩種説法。不過兩地的吃法大相徑庭，具體來説，廣州菜重主料而成都菜重佐料。大多數成都菜，主料都不稀貴，然而，配料、做工，卻絲毫不含糊。比如鹽要用粗鹽，糖要用紅糖，豆瓣必要郫縣的，榨菜必要涪陵的，花椒要大紅袍，海椒要朝天椒，在配料做工上作足了文章。

成都的朋友説，成都的餐飲有流行色，一種吃法往往一陣風似地席捲蓉城，如果有特色，換個名稱繼續流行，如果沒有特色，流行一段時間就自行了斷。成都美食，屬於全民參與開發，往往一道家常菜，也會因風味獨特而流行，像宣兔頭、老媽蹄花、趙老四鵝腸。成都有不少文化人，熱衷美食的研究，真正的美食，往往來自民間。那些名氣很大的老字號，往往因規模化生產，規範化經營而囿於程式，味道並不怎樣。偶然在偏街小巷隨意吃一家小館子，某道菜可能會令你終生難忘。所以，往往是那些不起眼的小店，會有驚喜在等待你。要讓味蕾真正獲得刺激，還是到尋常巷陌中探訪。

我特喜歡街邊的冒菜，就是把各種菜：豆芽、藕片、豆腐、青菜等，放在一個用竹編的"帽子"裏，然後放在一鍋辣的老湯裏面去煮，煮熟之後，再撒上一點佐料，就可以有滋有味地吃了。對我來説，這種"蒼蠅館子"可

擔擔麵

算是一個城市的精髓，作為旅人總能在那裏認識到熱情友善的當地人，也能在那裏品嚐到極具水準的當地美食，而且便宜貨真價實。這裏的小吃不是那些著名的小吃餐廳出品的小吃套餐可比擬的，因為那些不是為成都人挑剔的胃所準備的。

有一次和一個當地的朋友走進一家蹄花店時，那小二好像跟我朋友很熟，張口就來：「兩個優秀的前蹄兒……」，我朋友豎起四根指頭說：「四個！」那小二笑着調侃道：「大哥，功力見長啊……」殿堂裏笑聲四起。這是我第一次吃「蹄花」，蹄花其實就是東北人說的豬蹄兒，只不過東北人多數是拿來燻、滷，四川人則是拿來清燉。一碗白湯，一碟「蘸水」，雪豆燉蹄花，湯鮮皮嫩，肥而不膩，入口即化，令人回味無窮。據說蹄花還能美容嫩膚，所以很多成都美女喜歡吃，這許是成都姑娘皮膚白皙的秘密？

「九大碗」是由農村占領城市的典型菜，源自成都鄉下辦紅白喜事的酒席，因其有九碗主菜而得名。對於在上個世紀60年代70年代生於農村的人來說，九大碗是一個氤氳着無邊幸福的詞彙。至今，在成都郊縣農村，「九大碗」依然是婚嫁的主要宴席。成都農村的婚宴一般要持續三天，即正期和前後各一天，分別叫正酒、花椒酒和酬客酒。三天流水席，不管客人什麼時候到，隨時都可以上桌吃飯。不過是有區別的，正酒那天才吃「九大碗」席：五盤、九碗、六盆的各式佳餚美味擺得溜尖溜尖的，奇香撲鼻，沁人脾胃，充分展示了川菜乾燒、乾煸、魚香、宮保、麻辣、怪味、椒麻、紅油這八大特色。正席特別講究「三蒸」：酒米飯、甜燒白、鹹燒白和「九扣」：全雞、全鴨、墩子、肘子、全魚、酥肉、鑲碗、雜燴、海味等，再加上四個涼菜：涼拌雞、涼拌豬肚、涼拌豬頭或滷肉、油皮花生或涼拌黃瓜等，四個炒菜：海椒肉絲、蒜苔肉絲、韭黃肉絲、玉蘭肉片或萵筍肉片、白油碗豆等，一個帶絲韭黃酸湯上桌，美味無比。其中一道叫蛋圓子的土菜，我嚐過後對其味道很驚奇，特地跑到廚房看大師傅怎麼做：先把生雞蛋攪爛，往抹了油的熱鍋裏一倒，然後把多餘的蛋汁倒出來，

鍋上就結了一層薄薄的金黃的蛋皮。然後把瘦多肥少的肉絲拌上
芡粉、雞蛋糊，加薑汁、鹽、豆瓣等各種佐料，用蛋皮裹成杯口
粗細的條，上蒸籠蒸熟，再切成片，墊上土豆、瘦肉等，再上籠
蒸，出籠時加香葱、滴香油，令人不得不做饕餮狀。

　　説起農家菜，不能不談到在成都非常流行的"軍屯鍋魁"，
這幾乎就是成都鄉村版比薩餅（PIZZA）。那天在細雨中，我們來到
成都附近一個叫軍屯的小鎮：幾條街道，窄而且短。點一支烟，
慢悠悠地走，從南到北走個來回，或者從東到西穿過通城，烟都
會剩一節。這裏是成都鄉下最普通的小鎮，没有出名的風景名勝，
也没有出名的文物古迹，要是没有鍋魁，軍屯鎮可能和成都的其
他小鎮一樣默默無聞。爲什麼是軍屯？爲什麼是鍋魁？傳説當年
諸葛亮在此過兵，所以地名叫軍屯。軍隊行軍打仗，常常炊不暇
熟，需要帶乾糧，當地家常的鍋魁又好吃又好帶又不容易壞。日
子一天一天過去了上千年，鍋魁也從"軍品"變成了"民品"。

　　軍屯鎮最有名的一家鍋魁店叫"劉光茂軍屯鮮肉千怪酥鍋

魁"，名字太長，存心要人記不住。但鍋魁味道確實不錯，引來食客如雲，20多個鍋魁師傅都滿足不了需求，門口還有等着的。除了這家劉氏鍋魁，軍屯鎮每隔十幾米就有一個鍋魁店，少説也有十幾家。當地民間人士估計，鎮上還有一千多人在外賣鍋魁，大多數人在成都市。如果有一個投資者出來牽頭，統一標識，規範管理，製訂標準、規範流程，這1000多家鍋魁店不就是一個龐大的連鎖店嗎？在美國很不起眼的必勝客（PIZZA HUT）既然可以開到中國來，成都人也可看鍋魁製作的全過程是最過癮的，一個爐子、一張案板、一個有推拉玻璃的櫃子，這就是老板的全套行頭，第一道工序是打鍋魁，注意了，演出開始了。右手持擀麵杖，在案板上敲擊，噼噼啪啪地響，有長有短，有快有慢，很是好聽。左手拿起和好的麵團，往案板上扔，發出嘭的聲音，如是反覆。不一會，擀麵杖在敲擊案板的間隙，把麵擀成薄薄的長橢圓形，在麵上均勻鋪餡，然後把長橢圓形的麵皮卷成圓筒，把圓筒立起來，拍扁擀薄。兩面撒上黑芝麻。第二道工序是把鍋魁放到平底鍋上用香油煎。不停翻面，煎到兩面金黃。第三道工序是烤。移開平底鍋，下面是個烤爐，中間是熊熊爐火，周圍是乾淨的爐壁。把鍋魁夾到烤爐裏，斜靠爐壁，移回平底鍋蓋上。過一會，移開平底鍋翻面。誘人的香味飄出來，人們偷偷嚥口水。鍋魁一定是打出來的，鍋魁師傅一律很張揚的樣子，在擀麵的間隙，將一根擀麵杖在桌子上敲得震天響，帶着固定的節拍，如敲鼓一般，很是悅耳。

　　成都近年來還流行一種酸菜豆花。酸菜豆花其實是小火鍋的一種，白味，有淨豆花、排骨、三鮮、鮮肉等品種，最便宜的每客才三四元，好吃又不貴。更重要的是，隨便加多少豆花，都不另外加錢，吃飽為止。酸菜豆花做法簡單，把豆花、酸菜、豆芽、平菇、火腿腸、軟漿菜等放進熬好的肉湯內煮，煮好即食。邊吃邊煮，邊煮邊吃，如果再叫上一份肥腸粉，那真就爽透了。

　　"肥腸粉"中的腸很像法國菜中的Charcuterie，而粉則類似中國北方的粉條，但更細。用紅苕澱粉摻豌豆粉、土豆粉加水調和，盛進漏勺，一手托勺，一手拍打，使粉成細絲狀流進沸水，煮熟後撈出以涼水冰透。此時，在熱霧裏的老板會拋給你一句"川普"：大碗還是小碗？然後老板從涼水裏抓出一把明亮的粉絲，放在一竹簍裏，加幾根豌豆尖，放進用肥腸、仔肺熬製的湯鍋裏翻燙一下，再放上醋、辣椒油、葱絲。於是，這燙燙乎乎的一碗肥腸粉就端在你面前來了，用筷子挑幾下，湯便被辣椒油染成紅色的了，紅色的湯、微黑的紅薯絲、翠綠的葱花、乳白的肥腸，空氣中酸酸辣辣，使人想起望梅的曹操。這粉質糯軟可口，滿嘴留香，唇齒間清爽宜人，辣的滋味迴盪在喉間，香氣直頂上顎，光滑的粉條襯托着酸香麻辣的滋味，充盈五臟六腑。各種滋味輕重緩急，錯落有致地按摩着你的味蕾。成都的小吃就是這麼講究色香味俱全的，一般桌子上還會放一瓶醋，你若喜歡再酸點就可隨你口味添加。肥腸店裏還賣鍋盔。有肉餡的、甜的、椒鹽的還有什麼都不放的全白麵的。要配肥腸粉吃，最好買一張白麵。咬一口餅，吃一口粉，喝一口湯，挾一塊肥腸放在口裏慢慢嚼着，它就會慢慢地化作一股油汁浸漫到你的嘴中，喝完湯的時候你已經大汗淋漓了。

這時候該叫"冰粉"了，"冰粉"是將一種植物的種子用紗布包好，放在乾淨的水裏面不停地搓揉，搓揉過程中會產生出黏液混在水裏，然後加上一點點的薄荷，過不久這些混合物就變成透明的淺褐色的凝固物，晶顫顫地誘人。看它顫顫巍巍的在勺子上晃動，似乎稍許的抖動不穩就會跌落在地而破碎，趕快的小心呵護着放到有冰塊的碗中，加入炒製的花生粉、經過熬製的紅砂糖水。用小勺將碗中的東西一攪和，入口是花生的香、紅砂糖水的甜、薄荷的清涼……冰粉在口中柔嫩的四竄着，這時你一定會想：外國的那些果凍算什麼呀！

我們從峨眉山回到成都的那天晚飯，是在順興老茶樓喝完茶後吃的，清一色的成都小吃，每個人面前堆了二十多個品種：鍾水餃、龍抄手、擔擔麵、賴湯圓、蛋烘糕、珍珠圓子、川北涼粉……我對丹尼說："你難得有機會來，每種都嚐嚐。"二十多種啊，雖然味美好吃，怎奈他肚量有限，結果吃到不到十種就再也吃不下了。

據說"鍾水餃"的創始人鍾少白，自1931年就掛出了招牌，至今仍門庭若市。鍾水餃與北方水餃的主要區別是皮薄且全用豬肉餡，不加其它鮮菜，上桌時淋上特製的紅油，微甜帶鹹，兼有辛辣，風味獨特。而"龍抄手"，其主要特色是：皮薄、餡嫩、湯鮮，抄手皮用的是特級麵粉加少許配料，細搓慢揉，擀製成半透明狀。其肉餡細嫩滑爽，香醇可口，湯則是用雞、鴨和豬身上幾個部位肉，經猛燉慢煨而成……因取"龍鳳呈祥"之意得名"龍抄手"。

在成都，你問本地人，成都最高的樓是哪座？他們一定答不出來，如果你問成都最好吃的地方是哪家，他們一定會滔滔不絕地說出十多家。凡是到過成都的人都會感嘆於成都人的飲食態度，生活在"天府之國"這塊風水寶地上的成都人，似乎對吃有一種特殊的興趣。成都人好吃、會吃、精於吃，可謂吃出了情趣，吃出了文化，吃出了財富，吃出了水平。"民以食爲天"這句話在成都算是得到了淋漓盡致的體現。從骨子裏說，川菜就是成都人邊吃邊玩弄出來的，即然玩就要有花樣，要求有變化，並因此變得前所未有的豐富絢爛，滋味無窮。成都據說現有三萬多家酒樓、餐館，遍布於城裏的大街小巷，那怕是深更半夜，只要你想出門吃飯，沒有吃不到的。市內現有的幾條美食街，由西往東呈扇形排列：羊西線美食一條街，府南新區火鍋一條街，草堂餐飲娛樂園，武侯祠大街雙楠美食區，玉林美食區，科華路領事館路美食街，南延線休閒餐飲一條街，望平街美食區……

羊西線美食一條街是所有成都旅遊手册的重點推介的，這條長達十公裏的街上，承載了成都餐飲的大部分輝煌，排列着一家家聲名遐邇的餐廳：麗景軒、南臺月、福萬佳、榮興苑、獅子樓、大蓉和、陶然居、巴穀園、毛家飯店……

跟成都人談吃，他們經常爲下一頓吃什麼而發愁，這一點很像義大利人和法國人：吃是他們生活中的重點大事之一。米蘭人因爲講究吃，才有了時裝上的追求；巴黎人亦因爲崇尚美食，才成爲世界時尚之都。成都不但在時裝和時尚上都不落人後，其美食流行的速度甚至超過了米蘭和巴黎。這一點絕不是誇張，比如外地人到成都吃到火鍋以爲這就是正宗了，但不知道成都的火鍋時刻在翻新，玩出的花樣無數：燒鷄公、啤酒鴨、兔火鍋、土竈火鍋、魚頭火鍋、鵝腸火鍋、酸蘿蔔魚頭火鍋……還冒出許多火鍋的變種來，比如連鍋、燒鍋、湯鍋、冷鍋等等。

　　成都的秋天特別短，冬天和夏天似乎可以執手相握。對於善吃喜吃會吃的成都人來說，剛剛告別夜啤酒冷啖杯，又開始了湯鍋火鍋串串香的美食季節。什麼叫火鍋？其實只要是底部有火，上有鍋子，就是火鍋了。至於是使用什麼樣的鍋子？何種燃料？自古以來的演變，可是多姿又多彩。在成都，火鍋隨處可見——其實你根本不用去看，你只消聞香就可識火鍋——空氣裏瀰漫着

成都火鍋

誘人的香氣，你可能會立即聯想到滾沸的紅湯，在湯鍋裏“上串下跳”的菜品和舌尖殘留的麻辣。如果不熟，有兩種方法可以確定你火鍋之旅的目的地：如果你對自己的嗅覺特別自信，不妨循着香氣去尋找火鍋店；如果你的口味不是特別個性的話，可以選準一家人滿爲患的火鍋店。

火鍋爲什麼這樣火？其實在喜食麻辣的成都，凡麻辣而又略有特色的食物，沒有不火的道理。經過食客和店家的精誠合作，反覆實踐，技術革新，火鍋已經做到麻辣爲主，調和五味，辣而不燥、麻而不烈、回味柔和；菜品講究鮮、嫩、形、器、質，品種齊全，刀功精湛，擺放精美，視覺、嗅覺、味覺，都得到滿足。吃火鍋不同於吃川菜，菜餚上桌舉箸便知它色香味形諸方面的水平如何，菜餚質量的優劣全仰賴廚師水平的高低，而食客只能被動地接受這既定事實。品嚐火鍋卻不同，還得看食者有無經驗，

四川辣椒

是否能根據涮料的不同質地，拿準入鍋涮燙的火候，恰到好處掌握好入鍋的時間，使自己涮燙的原料該脆的則脆爽不綿，應細嫩的能入口化渣。因此吃火鍋每個食者都得參與操作，並且也是對自身烹飪水平的鑒定。火鍋本是重慶人的專利，成都人對其進行本土化改造把重慶火鍋和新疆羊肉串一結合，成了串串香。把葷的、素的往竹籤上一串，在滾沸紅亮的湯裏過一下，在油碟或乾辣椒碟裏醮一下，放進嘴裏有三種強烈的感覺：麻、辣、燙，非常過癮。誰也沒想到這麻辣鮮燙的吃食把火鍋變變樣，就串出了如今火熱了十多年也沒冷下來的串串香。

走在成都的大街小巷，隨處可見大大小小的串串香鋪子，紅漆的矮飯桌、小凳子和熱氣騰騰的一鍋紅湯以及那一大把一大把竹籤構成了成都特別的一景。拿菜的時候，超市一樣的菜架上，上百個品種，一張張薄肉片，一根根的新鮮蔬菜用細竹條串起來，吃客大都抓起一大把就走。一毛錢一串的東西，可以耍盡過場：一會兒喊"摻茶！"一會兒喊"加湯！"……十幾二十幾塊錢的一頓飯硬是要把瘦筋筋的小姑娘跑斷腿，吃完了還可以在結帳時大吼："數籤籤！"臨走，耳邊又響起很好聽的"川普"："串串巴適再來嘛！""老板，慢走，下次再來哈！"……

當地的朋友告訴我，在成都，你隨時隨地都可以找到一個價廉味美的餐館。有幾個訣竅幫你判斷哪裏好吃：排長隊等候的餐館，美女多的餐館，老板和服務員態度不温不火的餐館。這幾個條件具備，基本上就八九不離十了。當然，最好的廣告是口耳相傳，有"先驅"光顧過，就萬無一失了。我第三天晚上就曾按照上述的"準則"找到一家小吃店，還沒有進門就被門上的對聯震了一下，上聯是"共和國萬歲"；下聯是"四川人好客"，橫批是"吃好喝好"。剛走到門口，一名負責招呼客人的小伙子就扯起嗓子大吼："英雄兩位，雅座伺候！"我剛坐下，小伙子就過來招呼着說："要不先來兩個'帥哥'？"疑惑着點點頭，等端上來才知道，原來是兩個"滷兔腦殼"。客人們點的菜，到了小伙子嘴裏都變成富有詩意的名字：炒土豆絲成了"吃裏扒外"、宮保鷄翅成了"展翅高飛"、乾燒鴨掌成了"走遍天涯"、滷舌頭成了"甜言蜜語"……

成都另一種吃的文化，是晚上的"冷啖杯"。一到夜幕降臨，幾乎大大小小的餐館門口你都能看見這個招牌，餐館門口那一排

都江堰邊夜啤酒

蔚爲壯觀的桌子上放滿大大小小的盤，盤中裝滿了各色有葷有素、琳琅滿目的涼菜。"冷啖杯"的意思是喝着啤酒宵夜，成都人喝啤酒不在家喝，也不在酒吧裏喝，而是在廣場上喝。從五月到十月，從黃昏到深夜，成都有幾個地方喝啤酒能喝成人人山人海：成都國際會展中心啤酒廣場、省體育館門口、四川師大校園廣場、交大學苑風情、南延線南草坪、營門口西體奧林匹克中心……這些地方不但有各種品牌的啤酒和飲料，而且還有各種各樣的小吃、燒烤、冷鍋、串串香。技藝高超的廚師們現炒現賣，但見刀光勺影，火燒火燎，鍋顛鏟抖，不一刻就起鍋。食客們就在乾椒、葱段、蒜塊中尋找肉丁、海鮮，辣得嘴裏噓噓呼氣，還連説好吃。肉吃完了，佐料還剩半鍋，沒關係，小妹，點火，加點素菜，打碗米飯。於是豆腐、鳳尾、魔芋，熱氣騰騰又煮了一大鍋。空酒瓶子多了，菜也空了，臉也紅了，成都人用美食、美酒和美人，來裝點着這個城市的心情。

"冷啖杯"濃縮了成都夜晚市井沙龍的所有韻味與特質，不溫不火，徐緩從容。"冷啖杯"是成都的街頭夜沙龍，它讓所有光顧它的食客，不論是白領淑女還是販夫走卒，在這裏都能怡然自樂；在這些人裏，是不能概括階層的，富翁？白領？工薪族？"冷啖杯"桌邊既有奔馳、寶馬，也有夏利、奧托，還有自行車、三輪車，這種場景在其他城市很難目睹。它讓光顧它的男人們，無論有錢沒錢，有地位還是沒身份，都爽得脱下了上衣，露出一身的排骨或贅肉，理直氣壯坐在了大街上，暴露

城市建築景觀

在大庭廣衆之中。能來吃"冷啖杯"的人大都是美食家，豆腐要西壩的，黃辣丁要新津的，苦筍要長寧的，兔頭要雙流的，就是辣椒也要分二金條、小米辣、子彈頭……稍有出入，就會被嘲笑爲"不資格"……

用"口"去閱讀的城市，也許並非只有成都，但你要想真正讀懂成都的一切，讀懂她的閒適和滄桑，你必須用"口"去品味。當我回到美國的鳳凰城再去回憶成都的吃時，這對於我簡直是一種殘酷的折磨，我不得不一遍又一遍地吞嚥着口水，直至喉嚨乾涸如哭泣的河床。無論是兔頭還是豆花，不管是肥腸粉還是串串香，都讓我回味不已。其實，凡是到過成都的人，沒道理不喜歡成都。縱使兩耳塞滿了如外語一般的成都話，縱然每一次出門都不免洗個桑拿，盡管辣椒的辣、花椒的麻讓他們一個勁地呲牙咧嘴，雖然傳統的風味已不是那麼好找。但是，只要走進成都，你就不得不親近和喜歡這個城市。川菜猶如飄搖的蒲公英般在全國各地播撒着種子，在改良和推新中搖曳生姿。無論是火鍋還是小炒，無論是麻辣燙還是擔擔麵，都以那麼獨特的味道陶醉着人們，讓他們不想離開，讓他們朝思暮想……難怪晚唐詩人雍陶會用這樣的詩句讚美成都："自到成都燒酒熟，不思身更入長安。"

成都小吃：

擔擔麵是著名的成都小吃。用麵粉擀製成麵條，煮熟，舀上炒製的豬肉末而成。麵條細薄，滷汁酥香，鹹鮮微辣，香氣撲鼻，十分入味。此菜在四川廣爲流傳，常作爲筵席點心。因最早是由小販挑着擔子沿街叫賣而得名。其配料有紅醬油、化豬油、麻油、芝蔴醬、蒜泥、葱花、紅油辣椒、花椒麵、醋、芽菜、味精等十多種。

　　地址：成都市提督街41號
　　電話：028-86744134

夫妻肺片

　　中國人人皆知的一款風味名菜，用牛肉、牛舌、牛心和牛頭皮，切成很薄的片雜薈在一起，用上等的滷水、辣椒油、香菜、芹菜、葱節等，攪拌入味，現拌現吃，精香可口。
　　地址：成都市總府街23號
　　電話：028-86617171

陳麻婆豆腐

　　創業於1862年，所烹豆腐色澤紅亮，牛肉粒酥香，麻、辣、香、酥、嫩、燙、形整，極富川味特色。傳說因店主陳氏臉生麻痕，便戲之爲"陳麻婆豆腐"。
　　地址：成都市西玉龍街197號
　　電話：028-86627005

## 鍾水餃

上世紀20年代初設，創始人爲鍾氏三兄弟，經營的品種有紅油水餃和清湯水餃兩樣，以皮薄、料精、餡嫩、味鮮而著稱。鍾水餃與北方水餃的主要區別是全用豬肉餡，不加其它鮮菜，上桌時淋上特製的紅油，微甜帶鹹，兼有辛辣，風味獨特。

地址：成都市提督街7號

電話：028-86753402

## 韓包子

特色是：皮薄餡飽，鬆軟細嫩。製作要領是：發麵加少許白糖和化豬油揉勻，使之細嫩鬆泡；肉餡取淨豬腿肉按肥四瘦六的比例剁成小顆粒，加上剁成茸的蝦仁和醬油、胡椒粉、花椒粉、鷄汁等攪拌而成。包子上籠後用大火蒸至皺皮、有彈力時即可食用。

地址：成都市紅星路四段116號

電話：028-86667191

## 賴湯圓

始創於1894年，湯圓皮薄且細膩滋潤，心子有黑芝蔴、白芝蔴、花生仁、核桃、冰橘、豆沙等10多種，香甜可口，以店主的姓"賴"爲名。

地址：成都市總府街27號

電話：028-86629034

Tips

### 龍抄手

　　創始於上世紀40年代，特色是：皮薄、餡嫩、湯鮮。抄手皮用的是特級麵粉加少許配料，細搓慢揉，擀製成"薄如紙、細如綢"的半透明狀。肉餡細嫩滑爽，香醇可口。原湯是用鷄、鴨和豬身上幾個部位肉，經猛燉慢煨而成。

　　地址：成都市春熙路南段8號

　　電話：028-86666947

### 珍珠圓子

　　一種糯米點心，表面安上一粒櫻桃，好似一顆彩色珍珠，因稱"珍珠圓子"。珍珠圓子的心子有豆沙、鮮肉、黑芝蔴等多個品種。其特點是入口滋潤、糯米不粘牙、香甜不膩。

　　地址：成都市大慈寺路73號

　　電話：028-86626180

### 玉梅串串香

　　用竹簽將肉或菜串起來，在大火鍋裏燙熟後吃。以前以華興街的攤點最出名，而今在成都大街小巷，隨處可見大大小小的串串香鋪子，紅漆的矮飯桌、小凳子和熱氣騰騰的一鍋紅湯以及那一大把一大把竹簽就構成了成都特別的一景。通常爲幾角錢一串，最後數簽子，一般人均消費只有十幾塊錢。

　　地址：成都市三友路169-177號

　　電話：028-88017243

成都特色餐館:

三倒拐燒菜

　　"三倒拐"其實非常家常，老土碗蒸的米飯、各式涼拌菜、燉菜、燒菜、蒸菜、炒菜。每一份的量都不多，價格也不貴，便於大家吃的種類多。我喜歡的菜是折耳根拌胡豆、時令粑粑菜、鹹燒白、土豆燒排骨、蒸蛋。店堂乾淨整潔，不簡陋也不豪華，吃得輕鬆。如果有成都朋友在三倒拐招待你，說明他已把你當成自己人了。

　　地址：成都錦江區海椒市街58號

　　電話：028-84522022

老媽蹄花

　　店面很小、經常要排隊，價格便宜，每只8元。據說蹄花美容嫩膚，很多成都美女喜歡吃蹄花湯，也許這是成都姑娘皮膚白皙的秘密。但同時，她們又害怕吃蹄花湯，因爲蹄花營養豐富，無異催肥劑。所以，成都美女吃蹄花永遠有激烈的內心衝突，矛盾、猶豫，最後豁出去了，吃!

　　地址：成都市菊樂路36號

　　電話：028-87010635

### 白家肥腸粉

　　成都的肥腸粉店到處都是，最好是找白家的，味道最好，2元一碗。成都的粉，原料是紅苕澱粉加水調和，盛進漏勺，一手托勺，一手拍打，使苕粉成細絲狀流進沸水，煮熟即撈出以涼水冰透待用。一般有兩種口味，酸辣味，肥腸味，前者叫酸辣粉，後者叫肥腸粉。吃肥腸粉一般都要加一個鍋魁，所以最好是找豎有"軍屯鍋魁"招牌的肥腸粉店。一碗粉，一個鍋魁，最佳拍檔。

　　地址：成都市青石橋北街35號

　　電話：028-86655716

### 鄭連鍋

　　一種白味火鍋。根據主要菜品的不同，分爲排骨連鍋、烏鷄連鍋、老鴨連鍋等。鄭連鍋的排骨火鍋很考究，佐料也很講究，青椒、香菜、香辣醬。排骨吃完，加蘿蔔、圓子、鳳尾等，吃起來清香爽口。價格：38元－188元，每鍋適合四個人吃。

　　地址：成都市雙楠小區置信北街1號附21號

　　電話：85088124

### 竹海特色

　　菜多與竹有關，比如竹筒飯、竹筍燒牛肉、青炒竹蓀、竹海臘肉等。竹筒飯很有特色，將豌豆、臘肉、大米，盛進竹筒裏蒸熟，青香、鹹鮮，爲食客必點之美食。據説，竹海特色所有的原材料都來自鄉間，都是純天然綠色食品。

　　地址：成都市盛隆街14號

　　電話：028-85245224

## 紅杏酒樓

　　新派川菜的代表，味道適合那種想吃辣有吃不了辣的人。推薦菜：紅杏鷄、鱔魚粉絲、豆瓣鉗魚。吃晚餐的話最好6點前到，不然的話就和門外的另100人一起等位吧。

　　地址：成都市蜀漢路289號

　　電話：028-87526846

## 皇城老媽

　　成都最負盛名的火鍋店，據説連鎖店已經開到了美國。裝修很Cool，共五層，一樓有一個自助火鍋廳，還有民謠吉他歌手在唱英文歌。頂樓搞了個茶館，有一個透明的天井，逢周三、日放懷舊的黑白電影。

　　地址：成都市琴臺路90號

　　電話：028-86257671

## 滿庭芳

　　滿庭芳是一家高檔次的川菜酒樓，在裝修上更是以中西風格相結合，不但富麗堂皇，更顯雍容大度，從容不迫，其以川菜爲主打菜品，並有燕鮑翅等高品質菜餚，是商務會餐及朋友聚會的好地方。

　　地址：成都市二環路南三段15號

　　電話：028-85193111

### 川江號子

　　川江號子被稱之爲 "酷鍋"，打的是另類火鍋的旗號，其推出的 "絕代雙椒" 鍋獨樹一幟，鮮青花椒剔透碧綠、清香純麻，糍粑海椒紅亮香辣、勁道不凡，加入多種佐料以植物油炒製，色澤鮮亮而絕無凝結的濁滯。入口則在麻辣中更透出鮮香的清爽。

　　地址： 成都市芳草西街華姿路1號

　　電話： 028-85533111

### 外婆家

　　外婆家有個土法煨菜的煨缸，要數人合抱，號稱川西第一缸，用耐火磚砌成，內置木岡炭，經木岡炭火慢煨五六小時後，端出來的土雞豌豆黃、野菌煨青豆等菜品，那絕對是原汁原味，美不勝收。外婆家的另一特色是用土竈柴火燜飯，把久違的鄉村特色盡呈食客眼底，那柴火燜出來的飯，當然有另一種味道。還有一個露天茶吧，在傳統的川西三進院落的天井裏，可以喝茶打牌，暢飲自釀啤酒……

　　地址： 成都市人南立交橋南延線七公里處

　　電話： 028-81234567

## 巴國布衣

　　用尋常百姓家的菜餚原料烹製出口味獨特的創新菜品，使川菜在風味獨特中得以提升與超越。是招待外地來客的好地方，不太貴，裝修和食物都還不錯。老板開設了烹飪學校，出版過幾本川菜書。店裏的白切雞很有特色，將雞肉泡在冰涼的湯汁中，點綴着嫩黃的泡椒，鮮艷的泡胡蘿蔔，透明的泡薑，碧綠的青豆，賞心悅目，美倫美奐！其次是雞皮滑，雞肉嫩，雞骨脆，鮮甜之外帶微酸、微辣。推薦菜譜：芋兒燒甲魚、竹蓀折耳根燉鱔魚、豆腐鯽魚。

　　地址：成都市人民南路4段20號

　　電話：028-85511888

## 欽善齋

　　古色古香、服務一流的藥膳，三層建築內中國山水、亭臺樓閣、古字名畫，一應而足。每道菜都放有藥材，講究營養和食療，屬於新派藥膳。推薦菜譜：白果燉雞、天麻魚。

　　地址：成都武侯祠大街247號

　　電話：028-85053333

## 老成都公館菜

　　公館菜是上世紀三四十年代，成都官商名流的家宴菜，融京、川、粵、蘇四大菜系於一爐。外觀仿明清建築，內飾豪華考究，是招待重要客人的好地方。推薦菜譜：香橙蟲草鴨、叫花子魚、三合泥。

　　地址：成都市青華路37號

　　電話：028-87328947

**中國會所**

　　成都最貴的食府之一，金碧輝煌的裝修，很高的大堂，仿照四川民居的風格，殷勤的服務。除了魚翅之外，其他的菜我沒留下什麼印象。

　　地址：成都市火車南站西路中國酒城內
　　電話：028-85199620

**鐘記烤鴨店聚源膳**

　　始建於1886年，進門是錯落有緻的川西民居風格，牆身是用青磚砌的，瓦也是黑的，都是帶有歲月的灰塵的。最令我喜歡的是這裏有陽光雅座！想想看，在這樣的深秋，坐在露天的陽光下下面享用美食，還有什麼比這更高的享受呢？

　　地址：成都市福興街38號
　　電話：028-86752927

**還有一些——**

**譚魚頭**

　　地址：成都市青羊上街225號附1號
　　電話：028-87777789

**濱江食府**

　　地址：成都市濱江中路16號
　　電話：028-86664198

**利豐苑**

　　地址： 成都市大石西路235號

　　電話： 028-87027766

**飄香川菜**

　　地址： 成都市一環路南三段9號

　　電話： 028-85598899

**會仙豆花莊**

　　地址： 成都市石灰街5號

　　電話： 028-87764612

**飄香老牌川菜館**

　　地址： 成都市一環路南三段9號

　　電話： 028-85531388

**八棵樹**

　　地址： 成都市平安巷1號

　　電話： 028-86277777

**川西壩子**

　　地址： 成都市五沙路123號

　　電話： 028-86911672

# 一座茶香四溢的城市

# HAXIANG
# CHENGSHI

茶館之與成都，彷彿酒吧之於巴黎，咖啡館之於維也納……

"天下茶館數四川，四川茶館數成都"這是一句在中國廣爲流傳的話，既表達了成都茶館的地位，也表達了成都文化與茶水之間不可隔斷的關係。茶館之與成都，彷彿酒吧之於巴黎，咖啡館之於維也納，茶館給這個古老而現代化的都市增添了幾分雅緻閒適的神韻。早在秦漢以前，四川一帶已盛行飲茶。公元前59年，一本叫《僮約》的書裡就記載了成都人烹茶的情景，這是中國人飲茶最早的記載，也就是說，中國人喝茶的習性，始於成都。

到了唐代，茶館開始在成都流行，及至宋代，已是繁榮一時，而它的鼎盛時期當推清末民初：據《成都通覽》記載，清末成都街巷計516條，而茶館即有454家，幾乎每條街巷都有茶館。到1935年，成都共有茶館六百家，每天茶客達十幾萬人之多，而當時全市人口還不到60萬。去掉不大可能進茶館的婦女兒童，茶客的比例無疑是一個相當驚人的數字。有如此之多的茶館和茶客，成都實在應該叫做"茶之都"。

成都人愛喝茶，而且還愛上茶館喝茶，這是因爲在早年，成都的茶館承擔着許多的社會功能，這裡既是資訊的交換地，又是某些行業的交易地點，這很像奧地利人把咖啡館做爲社交的場所一樣。後來，隨著資訊傳播方式和社交場所的多樣化，這種功能才淡化。但茶館在人們生活中的位置並沒有淡化，它已成爲成都生活文化的特徵。

其實，即便在今天，成都的茶館恐怕也仍是四川之最、中國之最、世界之最。在成都，鬧市有茶樓，陋巷有茶攤，公園有茶座，大學有茶園，處處有茶館。尤其是老街老巷，走不到三五步，便會閃出一間茶館來，而且差不多都座無虛席，茶客滿棚，生意好得不敢讓人相信。究其所以，也無非兩個原因：一是市民中茶客原本就多，二是茶客們喝茶的時間又特別長，一泡就是老半天。一來二去，茶館裡自然人滿爲患。難怪有人不無誇張地說，成都人大約有半數左右是在茶館裡過日子的。

茶客

成都人管到茶館喝茶，稱之爲“泡”茶館。一個“泡”字，將中國文字的含意發揮得淋漓盡致：坐在成都的茶館中，茶客們不但可以品茶聊天，還可以看川劇、聽清音，或溜鳥，或打盹兒，看看閒書，掏掏耳朵，擦皮鞋的、算命看相的遊走其間，大家消遙自在，自得其樂。在這樣的環境中你可以深深感受到成都社會群體的親和，感受到成都茶館兒濃濃的地方特色。

我和丹尼有一次逛街，一不小心就撞進了一家二層的茶館，滿目的青牆翠竹，幾張老式小桌被直插房頂的青竹隔斷，彷彿帶你走進舊時歲月……我們依木窗而坐，沏上一杯茶，一碟葵瓜子，聽着古箏的緩緩輕音，讓人安靜得什麼都不願意想……其實，成都最典型的茶文化，要數公園或河邊的那些簡陋的茶座：原始的竹椅板凳，一杯蓋碗茶，服務員不時給你添水，你可以發呆，可以把耳朵塞上mp3，也可以肆無忌憚地“打望”路邊走過的人……這就是成都人的“巴適”，這個用成都方言發音的詞，比“閒適”更準確，更貼切。世世代代的成都人一生都在追求這種“巴適”，它浸染了每一個流動至此的生命，於是成都便成爲生活的天堂。

平樂古鎮

爲什麽成都會有這麽多的茶館呢？從氣候來看，成都平原屬亞熱帶季風氣候，這裡終年溫暖濕潤，溫潤的氣候使成都人養成了喜吃麻辣的習慣。但麻辣食物吃多了會燥火，清淡

酒、糖果甜食，而產生越來越多的酸性體質，這種體質令人易產生疲勞、情緒急躁、胃腸悶脹、消化不良、呼吸加快、智力減退等輕重不一的酸中毒症狀。此外還能誘發近視、齲齒、

寬巷子

的茶品正好可以調節，加之四川盛產茶葉，於是茶便順理成章地成爲百姓喜愛的飲品。中國最古老的醫書《神農本草》中說：“茶味苦，飲之使人益思、少臥、輕身、明目。”據已有的研究資料表明，茶葉的化學成分有400種之多，其中有機化合物達450種以上，其中礦物質包括磷、鉀、硫、鎂、氟、鈣、鐵、銅等多種，還有蛋白質、氨基酸和生物鹼。隨着社會的發展和科學的進步，一些所謂文明病也伴隨而生。現代人因多食魚肉葷腥、醇醪美

軟骨病、神經衰弱、胃酸過多、動脈硬化、脂肪肝、肥胖症、高血壓、糖尿病、冠心病等疾病。而茶葉富含咖啡鹼、茶鹼、可可鹼、黃嘌呤等物質，是一種典型的鹼性飲料。飲茶後，茶水能在體內迅速吸收和氧化，產生濃度較高的鹼性代謝產物，從而及時中和因過食酸性食品而產生的血中酸性代謝廢物，維持血液的酸鹼平衡，使體內組織和體液保持在正常的弱鹼性狀態，以利於生命活動的正常進行。另外，茶葉中有一種含茶多酚(Tea

Polyphenols)的兒茶素(Catechins)，可有效淡化和祛除黃褐斑，並對消除成人臉上的色斑有明顯的作用。所以，茶葉具有助消化、降血脂、減肥、明目、降血壓、美容等作用。中老年人，尤其是從事腦力勞動者，適當多飲一些茶，是會獲益匪淺的。

我在一間茶館裡，發現牆上一張紙上，要人們每天必喝四杯茶，並詳述理由：

1.上午一杯竹葉青(綠茶)：綠茶中含強效的抗氧化劑以及維生素C，不但可以清除體內的自由基，還能分泌出對抗緊張壓力的荷爾蒙。綠茶中所含的少量咖啡因可以刺激中樞神經，振奮精神。

2.下午一杯菊花茶：菊花有明目清肝的作用，用菊花加上枸杞一起泡來喝，或是在菊花茶中加入蜂蜜，對解鬱更有幫助。

3.疲勞一杯苦丁茶：苦丁茶含有豐富的維生素B1、維生素C、鈣、鐵，具有補肝、益腎、明目的作用。

4.晚間一杯紅茶：紅茶有清熱、明目、補腦髓、鎮肝氣、益筋骨的作用。

可以說，成都是一個泡在茶水裡的城市，成都的茶水不在於消暑解渴，而在於享受。當你以十二分閒暇的心情，在府南河邊的露天茶園翹起二郎

腿，半躺在沙灘椅上，光陰就隨同茶水裡升起的熱氣一起晃晃悠悠地飄散，並且不可回收。有人說，體驗成都的舒適，最好從早晨就開始：在小巷、河邊、街頭隨意挑一間茶館，泡一碗蓋碗茶，半倚在竹椅上，讓茶香攜着悠悠的時光，伴着你的思維從指縫逸出……很難想像，一個沒有茶館的成都是什麼樣子？一位當地的朋友對我說：茶館對成都來說已不是一種消費方式，而是一種生活態度。

在成都，喜歡喝茶的人幾乎都去過文殊院。天氣晴好的日子，文殊院的露天茶館座無虛席，去晚了的人只好站在一旁等座位。我們走進去，才知道它的裡面，要比它的門口所顯現出來的規模大的多。文殊院坐落在成

都市的西北角，是成都市區保存最完整的一座佛教寺院，也是中國著名的佛教寺院之一。文殊院創建於隋朝，後多次毀損和重建，現在的是清朝時重建的。文殊院名木古樹繁多，很是幽靜，喝茶時還可以順便燒香拜佛，也許並無實際的功效，但卻求得心靈慰藉。文殊院門口有許多算命的“半仙”，一個個都稱自己是鐵嘴，你可以花幾塊錢算一卦，千萬別當真。

我們坐下來的時候，正趕上一個茶道的表演，一位老者身着淺灰色長衫，白色袖口挽一個古代的式樣，滿頭的銀絲和寬闊的前額泛着光亮，兩道濃密的眉毛下面有着一雙深邃的眼睛，讓人體會得出主人的雍雅風度和對茶文化的執着精神。一位身材高挑的姑娘，身穿水綠色旗袍，上面鑲有數十朵潔白的茉莉花，帶着甜甜的笑容，手捧托盤，嫻雅地走到老者身旁。伴着悠揚的古琴聲，老者開始了他的沏茶表演：只見他輕輕地揭開茶碗蓋，在茶碗裡摻水、洗碗、溫杯。接着用左手拿着勺子向每只茶碗裡放

琴臺路茶藝

歷史久遠的成都茶館銅茶壺

小半勺茶葉，然後起身執壺摻水。先摻了小半碗發茶葉，蓋上半分鐘，然後起身執壺認真地嗅嗅，看茶葉的香氣是否飄溢了出來。當他再次起身摻滿每個茶碗時，整個沏茶過程便完成了。

這時，女孩端起沏好的蓋碗茶托盤，帶着甜甜的笑容，緩緩走到客人面前，點頭用手示意，敬請品嚐。揭開茶蓋，那沁人心脾的茶香立即飄散出來，讓丹尼好生歡喜，嘖嘖稱讚的同時，拿着照相機拼命地按快門。看看茶碗，碗底猶如一泓碧潭，水面飄浮着幾片白雪似的茉莉花瓣。細細地啜上一口，茉莉花與毛尖茶的清香回味悠長。

丹尼來中國之前，從未喝過茶，但在成都卻天天嚷嚷着要喝茶。那天我們從峨眉山下來後，驅車百里回到成都，司機得知丹尼又想要喝茶，就建議我們去一家被稱之爲"參照成都歷代茶館風範，精心營造的一座集明清建築、壁雕、家具、茶具、服飾和茶藝於一體的巴蜀茶文化的經典茶館。"

一走進這家名爲"順興"的茶館，踏在青石片鋪就的地板上，各種古色古香的意像紛至沓來，讓人撲朔迷離，竟有不知身在何處的時空巨變。自掛着大紅燈籠的門口跨過高高的門檻，即見一塊鑴有文字的木牌，述説着這間順興老茶館的緣起："……春去秋來，誰在呼喚鄉情，尋找老牆？曾幾何時，巴蜀小吃，嚐盡世間酸甜苦辣；銅壺蓋碗，品出幾多風涼世相……順興創意，意在光大民間小吃，復興蓋碗茶藝，繁榮戲曲散打……"沿着老舊的青磚牆行進，彷彿走進一段滄桑的歷史：在隱約的燈光中，是一片沿着"時空隧道"延伸的九幅老成都浮雕，精闢地再現了臨江古鎮的景觀、市井院落的風貌、老茶館的風俗等川西民風民俗，讓成都古時的市井商賈，街坊民居、亭臺樓榭，逼真地映入我們的眼簾。這是我們曾見過面的雕塑名家朱成先生歷時半年傾心完成的大作，堪稱西蜀現代的"清明上河圖"。最叫人驚異的是，這裡所鋪的一磚一石，並非用鋼筋水泥打造出來的磚石仿製品，而是不惜代價特地從成都城鄉的千家萬户處搜集來的，純乎

武侯祠茶園

是歷經滄桑的古磚古石。茶館裡甚至還有一溪清水，水上架座小橋，還有數隻大白鵝在水裡戲耍，不禁勾起人們對鄉間小路和牧笛的無限遐思。望著茂竹修篁、木窗草簾下的花轎、雞公車、風車、犁鏵、蓑衣、斗笠……忍不住伸出手去觸摸一下，好像在摸一段我們不曾見過的歷史……。

翻開中國五千年的歷史，幾乎每一頁都可以嗅到茶香，琴棋書畫詩酒茶是中國傳統文化藝術的載體。"茶"字的起源，最早見於中國的《神農本草》一書，它是世界上最古的一部藥物書。據有關專家考證，該書爲公元前5年～公元前221年的著作。唐代陸羽於公元758年左右寫成了世界上最早的茶葉專著《茶經》，系統而全面地論述了栽茶、製茶、飲茶、評茶的方法和經驗。人說錦城文氣重，蜀中茶客多，雖然成都如今的茶館有四千多家，但喝茶也是有等級之分的，有錢人到高檔茶館，用著名瓷窯定製的茶具，喝上品的"雪芽"、"宮茶"、"雨前"、"雨後"；一般市民到普通茶館，用瓷製的茶具喝新採的細茶、嫩尖嫩葉；體力勞動者則往往是路邊一條長凳、一個斗碗，喝茶桿子、邊茶、刀子茶、苦丁茶。成都名記者藍墨水說：品茶對於成都人來說是一種休閒方式，是一種交往的手段，也是一種生活情趣。成都人把茶館當成一切活動的場所，成天泡在茶館裡，其實他們並不僅僅是在耍，是在休閒，他們在耍中工作，在耍中掙錢，在耍中獲得信息。一位學者甚至發出過這樣的感嘆："成都的茶館是解讀成都的一把鑰匙。"

平時不說，只要天氣稍好一點，或是節假日，成都的茶館就幾無虛席。"無論是沙發藤椅的高檔茶樓，還是竹椅木桌的陋巷小鋪；無論是花繁樹古的公園名勝，還是竹茂草豐的農家樂院壩……愛茶者都不難找到自己的同好和知音。

成都人說：水沸茗香，無意中你會碰上多年未遇的老相識；品茶論道，擺談中你說不定又認識了一位相見恨晚的新朋友"……茶喝得久了，看得久了，便慢慢地感悟到人生如茶，品茶如品人生。一片茶葉，看起來是那樣細小、纖弱，那樣地無足輕重，但卻又是那樣地微妙。當它放進杯中，一旦與水融合，便釋放出自己的一切。此時此刻，人們所欣賞，所品味的已不再是那茶葉了，而是這杯中之水了。這一切何嘗不像人的一生。品茶之中所體味到的感受，最爲貼切的就是一杯清茶中那種淡淡的滋味。茶在成都已經不再單純是一種飲料，它代表着一種文化，一種價值取向，表達了對情感，對生命的態度，有着更深層次的精神境界。記得有位名人説過：盛世烹茶，亂世喝酒。茶之於溫文爾雅，只有在太平盛世才能氣定神閒地品味。成都人的性格很像茶：總是清醒理智的看待生活，不卑不亢，執着持久，相助相依，和偕與共。我非常喜歡成都茶館裡散發的那種淡淡的清香，它瀰漫在空氣中，滯留在唇齒間，舒展在杯裡，漂浮在心中……常常讓我想起一首歌詞：

　　那淡淡的清香如春天的輕風，吹入心中的是一絲遐想

　　那淡淡的清香如夏日的泉水，流入心底的是一絲清爽

　　那淡淡的清香如秋日的紅葉，嗅入鼻中的是一絲眷戀

　　那淡淡的清香如冬日的陽光，湧入心中的是一絲暖意

　　……

　　有人説："茶有一種本性，能帶我們到人生靜幽的境界。"坐茶館，除了"靜幽"之外，還有多元素的復合"境界"。你看嘛，椅上桌邊，亭前廊中，茶客蔚爲大觀：引車賣漿者、治病教書人、旅遊觀光客……談笑風生，山南海北，交流與傳遞的信息既多且雜，或雅或俗，或葷或素，説者盡興，聽者開心，一聽笑之，一笑了之。要想體會這種茶的"本性"，到成都的老茶館最能體會出這種味道：老茶館多在某條窄巷子裡甚至某個老舊的小院落中，裡面多是人聲鼎沸，老太太搓麻將，老頭子擺龍門陣或者砍象棋，跑堂的提着冒白汽的水壺哪裡招呼就往哪裡送水，嫌麻煩的甚至直接給你一個暖水瓶。那兒有看不清本色的矮桌子，油黃發黑的竹椅子，紅炭黑灰的老虎竈，紅亮的短嘴銅壺。茶碗是碗、蓋、船三件套，白瓷青花卻經常有豁邊，但不礙事，用的時間長了嘛。茶不見得有多好，一般就三花和毛峰，以茉莉花茶

爲主，多半都是成都附近如邛崍、大邑、彭山等地的葉子，卻是真正的水滾茶香。老茶館會讓你打心底裡喜歡，喜歡這種隱沒在引車賣漿者流中的極大的自由。從某種意義上講，在現今成都人生活中，茶的概念已遠遠超乎身體感官的需求，而具有更多的社會意義與文化含量，甚至可以這樣說，茶已成爲成都人宣泄情感的載體之一。

中國人喝茶的習慣，得益於佛教文化在中國的傳播。佛教主張靜氣養性，提倡坐禪。在暮鼓晨鐘裡誦經念佛，不免人困乏力，而茶可以清心、提神、醒腦，茶便理所當然成爲順應佛事的伴侶，由此與茶結下了宿命的緣份，以種茶製茶到泡茶品茶，千百年來總結出一整套的茶道文化。茶也順時而成爲寺門僧人聯繫世俗、接待施主說天道地、講經釋法的特殊媒介物。

有人說，中國人性格很像茶，總是清醒、理智的看待世界，不卑不亢，執着持久，強調人與人相助相依，在友好、和睦的氣氛中共同進步，這話頗有些道理。表面看，中國儒、道、佛各家

成都人民公園茶園

都有自己的茶道流派，其形式與價值取向不盡相同。佛教在茶宴中伴以青燈孤寂，要在明心見性；道家茗飲尋求空靈虛靜，避世超塵；儒家以茶勵志，溝通人際關係，積極入世。這種表面的區別確實存在，但各家茶文化精神有一個很大的共同點，即：和諧、平靜，實際上是以儒家的中庸為提攜。

在社會生活中，中國人主張有秩序，相攜相依，多些友誼與理解。在與自然的關係中，主張天人合一，五行協調，向大自然索取，但不能無休無盡，破壞平衡。水火本來是對立的，但在一定條件下卻可相容相濟。儒家把這種思想引入中國茶道，主張在飲茶中溝通思想，創造和諧氣氛，增進彼此的友情。飲茶可以更多的審己、自省，清清醒醒地看自己，也清清醒醒地看別人。各自內省的結果，是加強理解，對客人敬上一杯香茶，表示友好與尊重。這種和諧精神來源於茶道中的中庸思想。

成都的朋友說，近十幾年間，成都的茶館如雨後春筍般地出現，遍布大街小巷。不同於以往的是，現代的成都人經營茶樓

更注意服務、個性化消費，在裝修上也更高檔、更具特色。在成
都泡茶館，談生意要去"聖淘沙"，不少影響成都的重大商務事
件，都與"聖淘沙"有關。若要體會老成都古樸韻味的茶館，那
就要到這家"順興老茶館"了。

　　丹尼驚喜地四處打望，這裡的一切對他來說，實在是太新
奇……八仙桌、太師椅，穿對襟衫的堂倌和中式打扮的女服務員
穿梭其間，遞上茶碗、熱毛巾和瓜子。看鄰桌，只見服務生右手
提了茶壺，耍一個把勢，幾尺長的壺嘴連同滾燙的水舌利劍般刺
到客人眼皮底下，茶碗如沸，乾淨利落。當我們坐定在一張老八
仙桌旁時，一位身着黃馬褂的堂倌，右手提着近一米長滾燙的長
嘴壺，左手拿蓋碗茶三件套幾副，"當當當"先把茶托撒在桌上，
繼而將茶蓋放在茶托旁，然後將已放
有茶葉的碗放進托內，
只見他一下子把壺頂
在頭上，脖子稍傾，
開水劃出一條優美
的弧線，直奔茶碗。
緊接着把銅壺甩到
背後，細長的壺嘴貼
着後肩，連人帶壺一

齊前傾，茶水從背上飛湧而出。那水剛好斟滿，
不多亦不少，更不見桌上溢出一滴，真是令人叫絕。喝着這具有
成都特色的蓋碗茶，悠然間瞥見牆上的"芽嫩，葉香……紗紅織
羅，玉白雕碾，花塵曲轉碗，色蕊黃煎銚，霞朝對命前晨，月明
陪邀後夜，誇堪豈後醉至將，倦不人今古盡洗"的字句，別有一
番滋味在心頭。

　　所謂"蓋碗茶"是成都特有的一種茶具，包括茶蓋、茶碗、
茶托三個部分。相傳是唐代由西川節度使之女在成都發明的。因
爲原來的茶杯沒有襯底，常常燙着手指，於是該女就發明了木盤
子來承托茶杯。爲了防止喝茶時杯易傾倒，她又設法用蠟將木盤

中央環上一圈，使杯子便於固定。到後世做得越來越新穎，形狀
百態。這種茶碗上大下小，體積適中，摻水時，茶葉能充分翻捲，
攪勻；蓋而不嚴的茶蓋即可保溫，又能透氣，且可用以攪動碗內
茶水，調勻茶味，再以茶托扶起茶碗，擎而斜扣或半扣，從茶碗
與茶蓋縫隙間吱溜細吮一口茶水，滿口清香，蓋碗茶獨特的品茶
姿勢不僅免使茶葉入口，又十分優雅愜意。蓋碗茶，可以說是把
飲茶藝術化了，這也正是成都茶文化的一種閒淡的風格。成都人
飲茶之風，名聞華夏，可以說"成都茶館甲天下"。

川劇老藝人

　　成都人品茗講究舒適、有味。茶館的座位大都是靠背竹椅，
平穩貼身，或靠或坐都不覺累，閉目養神不怕摔。成都的名勝古
寺、大街河邊、小巷深處到處是茶館。有的茶館還邊喝茶邊唱川
劇，成都話叫"擺圍鼓"，就是由茶客們吹拉彈唱。據說看川劇
折子戲、觀茶藝表演、聽編鐘蜀樂也是順興老茶館的保留節目。
川劇，作爲中國平民文化中的一種"俗"文化，發源於田間地頭，
傳唱在老百姓的口舌之間，其流行和發展則是在成都大大小小的
茶館裡。從表演上看，川劇的表演藝術既有一套高度寫意的程式，

川劇絕活——變臉

又有豐富的生活情趣，其最大特點是十分精細而多樣化。例如僅眼睛的表情，就分為24種：驚、詫、懼、怕、喜、怒、哀、疑、憂、恨、羞、媚、戀、妒、醉、病、盼、望、驕、藐、瘋、惡、痴、情。

常見於舞臺的川劇劇目有數百種，唱、做、念、打齊全，妙語幽默連篇，器樂幫腔烘托，"變臉"、"噴火"、"水袖"獨樹一幟，再加上寫意的程式化動作含蓄着不盡的妙味……其中"變臉"是所有遊客來成都必看的項目之一。變臉以其怪誕猙獰的面相變化表現人物內心不可名狀之律動，作為一種對人物內心非常獨特的表現手法，無疑大大增加了川劇本身的表現力，每及名角表演變臉，就常常釀成爆棚之患。變臉的手

川劇絕活——滾 燈

法過去被演員視為絕藝而密不示人，實際上是事先將臉譜畫在一張一張的薄綢上，剪好，每張臉譜上都繫一根絲線，並由小到大層層相粘。絲線一般繫在衣服的某一個順手而又不引人注目的地方。情緒鋪陳至緊要關頭，在舞蹈動作的"幌子"下，一張一張地將依次扯下，動作麻利而不留破綻。扯下的"臉"越多，説明技藝越高。其難度一方面在於粘臉譜的粘合劑需多少適宜，以免要扯扯不下，或者一扯全都掉的尷尬；二來在於動作的乾淨利落，假動作施掩巧妙，瞞過觀眾眼目……

成都有很多這樣的劇團，整日穿梭在這個城市的大小茶館裡的舞臺上。一到晚上就聽見鏗鏘有致的川劇鑼鼓聲響起，除了幽默風趣的折子戲，還有好聽的清音、彈戲、金錢板、揚琴等等，連大街上路過的行人都會駐足而立。在這樣一個又一個夏日的晚

川劇特技──變臉

上，歷史、人生、傳奇、神話就從街頭說書人滔滔不絕的嘴裡，和頓挫有力的驚堂木中走進了我們的腦海，上下五千年，縱橫八萬里。一直覺得成都的茶館更像是川劇的一個載體，茶館是傳統成都人心裡的客廳，而川劇就是這個客廳待客的最重頭的一部戲。許多現實生活的插科打諢，市井中的詼諧俚語，傳說中的才子佳人都在川劇的舞臺上續寫着、上演着、警世着。世人只知酒能醉人，到了成都，才知道茶亦能醉人，川劇更醉人……。

上個世紀80初我第一次來成都時，成都人當時流行喝"三花"，一毛錢一碗。因爲我沒有午睡的習慣，所以常常吃完午飯就找一家老茶鋪泡茶看書，在葱鬱的藤蔓掩映下，十幾張川西風格的四方桌，六七把藤椅，簡簡單單，隨隨便便。特別是那竹椅，看着細細的線條，似乎就要散架了，但坐下去，等着那"吱吱"的聲音結束，你就會發現這是幾千年人體工程學的光輝成果，竹製的扶手椅完全符合人的關節屈伸，又不像沙發或躺椅那麼使人昏昏欲睡，而是讓你舒適地待上一整天也不疲倦。午後的陽光溫暖地透過密密的枝葉的縫隙照射下來，給人帶來些許退意、些許恬靜、些許悠閒的感覺。看累了，就把目光抬到天空待上一會兒，再拽下來看茶杯中浮在水面的綠色茶葉，看它們一根根舒緩地垂落於杯底，一如我當時沉靜的心情。澄淨無塵，白雲怡意。此時品茶的意味亦纏綿似永恆似瞬間，悠悠然、晶晶然、栩栩然……我很懷念那樣的年代和那種自然的氛圍，它不同於今日坐在裝飾奢華的茶樓裡，需保持一種溫文爾雅的矜持。林語堂說過，中國人只要身邊有一壺茶，就是福的。成都茶館裡常看到的一副對聯就很能表現這樣的生活方式：爲名忙，爲利忙，忙裡偷閒喝碗茶去；求衣苦，求食苦，苦中作樂打壺酒來。一杯清茶，竟使得無論是文人還是百姓都如此心醉神迷，奉爲性靈貴品，可見其滋味之妙矣。

　　從順興老茶館回到酒店，還沒坐定，就接到一個IT公司老總的電話，說是要約我喝茶，我差一點脫口說出我肚子裡都是茶水，但一想到朋友的情意和成都茶文化的特點，就只好客隨主便了……我們去的那家茶館在成都府河邊一個叫柳浪灣的地方，紅磚的矮牆和木質的門廊，四處放著舒適的藤椅，很多開得鮮艷熱鬧的花盆，掛在門廊上、花架上，濃烈得像要滴下來。城堡似的兩

悠閒時光

層小樓打了木格子，一任爬山虎四處攀援。前院有一塊半島型的園子，做了露天酒吧，沿着河佈置了各色大傘白的、藍的、沙丘色的樸拙的木製桌椅，吧臺是一個大大的草屋，你幾乎可以嗅到各色樣子鮮艷味道濃郁的熱帶水果了，非常沙灘。後院也有這樣的一處，草頂的廊把一棵亭亭如蓋的大樹圍了一圈，十分涼爽。

朋友説，如果要評成都最佳茶館，柳浪灣這間茶館怕是要進入TOP10。我們坐定的二樓是一個"船艙"式的設計，連地板都摹仿成了船甲板，人們好像就在"船上"喝茶。桌椅不是尋常茶坊常見的那種，而是淡紅色的木扶手高靠背沙發，十分舒適。大廳裡飄着古箏聲，一幅木框對聯引人注目："品茗方知甘苦味，賞竹始悟剛直心。"給我們送茶的女孩伶俐地用開水沖洗着茶杯，又把茶壺蓋上，再淋再蓋，接着，又倒水至玻璃杯中。然後拿一把小勺扒開茶葉，倒開水至壺中，又把開水從壺中倒入杯中，蓋好蓋，輕搖幾下，倒掉，再重新倒水，浸泡約十秒鐘，一壺茶就

茶坊裏的古箏表演

算泡成了。最後，女孩用鑷子取出壺中的漏斗，高高地抬起壺，把茶水汩汩地倒入杯中。茶水從高過肩部的地方倒下去，發出潺潺的水聲，就像久旱逢春的小雨，朋友說，這就是茶道的第三步：普降甘霖。喝着這濃而不澀餘香裊裊的川茶，真有點盪氣迴腸的感覺。這家茶館的牆壁上貼了許多老照片，連洗手間裡，都貼了老成都的人物風情畫。茶館裡的設施很隨意，木製的古董架上放着瓷器、陶器，自然而然。大廳中有一個很大的木臺，一個女孩正彈一支古箏曲，發出讓人心醉的音符，伴着茶香撲面而來，只見茶盅的邊緣浮繞着翠碧的氤氳，清亮鮮綠的葉片透出一種近乎乳香的茶韻。茶水入口清香甘冽，留在舌尖的茶韻散佈四肢百骸，通體舒泰。朋友說這家茶館除了茶葉外，還有很多用植物根、葉、花、果做成的飲品：晚香玉、紫羅蘭、藿香葉、蘆薈、折耳根、香茅根……彷若神仙。對成都人說，喝茶是生活的本身，是事業，也是愛情；是過去，也是未來。它可能是一個青年人每一次邂逅、戀愛、失戀的地方，也可能是一個中老年人全部的青春記憶。

朋友說成都人爲了怎麼給自己的城市定位討論了很多年，多彩之都、成功之都、科技之都曾經試圖加在成都的頭上。可是，吵來吵去，大家最終發現，成都人什麼都可以沒有，但就是不能沒有茶館和美食。成都是一個泡在茶水裡的城市，"杯裡乾坤大，茶中日月長"，成都人很多的生意是在茶館談成的，一筆筆生意便在這悠閒、輕鬆的氣氛中成交。說成都人懶散，只會享受，倒不如說成都人會生活和工作，這種悠閒、安逸、滋潤，將工作休閒化的的好事情也只有成都人能夠想得出。快樂工作，幸福地喝茶，是成都文化的重要內涵之一。

### 順興老茶館

位於加州酒店三樓。仿古包裝的老茶館，能見識變臉、噴火、吹燈等川劇表演的地方，是外地人認識成都茶文化的好地方。

地址：成都市沙灣路258號國際會展中心三樓

電話：028-87649999

### 鶴鳴茶社

鶴鳴茶社一直恪守着老成都茶館的傳統，許多成都老人仍有來這裏喝早茶、遛鳥的習慣。這裏還可以欣賞到蓋碗茶藝，碰到以前川西的許多市井民風，像掏耳朵、轉糖畫、雜耍的表演等。鶴鳴茶社所在的人民公園附近舊稱"少城"，歷史上曾是清八旗子弟居住之地，因此鶴鳴茶社也多少帶了點他們的遺風：牌坊式大門、水榭、迴廊、蓋碗……悠閒得很。

地址：成都市祠堂街人民公園內

電話：沒有

### 悅來茶館

位於成都商業中心總府路毗鄰的華興正街，錦江劇場旁，有"戲窩子"之稱。每周二、六下午有川劇表演，周三下午是業餘川劇"票友"活動。在此喝茶可免費觀看川劇，是體味成都傳統文化的不二場所。

地址：成都市華興正街錦江劇場旁

電話：028-86782057

## 文殊院茶館

人民中路側的文殊院内，香客和善男信女集聚的廟中茶館，鼎盛人氣和低廉價格乃此處最大特色，園内有執長嘴銅壺的茶博士提供傳統服務。

地址：成都市文殊院街15號文殊院内

電話：028-86952830

## 易園

"易園"這個名字源於《周易》，這部最能體現傳統文化的著作，衍生了中國哲學的種種思潮，比如天人合一、陰陽學説等。易園占地120畝，園内古樹名花繁多，亭臺樓閣互相輝映，溪水假山拱橋造型別緻。在易園喝茶就餐都是非常舒心的一件事，但價格偏高，埋單時要有思想準備。

地址：成都市金泉路8號

電話：028-87512222

## 子雲亭

子雲亭在歷史上是西漢文學大師楊雄在川古居，處處都透着古老的川韻：藤椅、藤凳、藤幾、竹椅、木書架。大廳中放有一支古箏，客人可隨意撥弄。子雲亭的茶都是自己茶基地產的茶，葉大、芽鮮、色澤淨匀，泡於杯中，香氣撲鼻，湯色嫩綠明亮；入口，鮮醇爽口，不苦不澀。這些茶被起成一些好聽的名字：狀元榜、香似梅、晨露蕊芽、子雲飄香……，可以收發傳真，也可以上網。

地址：成都市領事館路盛隆街3號宏城商務中心一樓

電話：028-85233388

### 雅蘭閣茶坊

　　一個集茶樓、棋牌、浴足與一體的茶坊，門口及過道上掛滿了紅燈籠，寓意吉祥如意。裏面有潺潺的流水，恰到好處的擺上鬱鬱蔥蔥的綠色植物，襯托出一派生機昂然。使品茶的感覺特舒爽！茶坊設有各種規格的包間，朋友聚會、棋牌娛樂，這裏絕對是好去處。這裏還有浴足室，可供你洗去一天的疲乏。

　　地址：成都市玉林南路15號玉林生活廣場4F

　　電話：028-85599978

### 文軒茶樓

　　位於時尚社區，環境優雅、氣派、集美容、保健、棋牌、餐飲於一體。二樓有一個長達兩米的大魚缸，漂亮的金魚在裏面歡快的游來游去。按摩在文軒有兩種：泰式和中式。泰式按摩無穴位之說，手法簡單實用；中式有穴位之說，手法多樣，通過作用於體表的特定部位，做幾十分鐘的拍、打、揉、捏，從表皮到骨頭，都讓你舒坦。特別推薦這裏的"情人玫瑰茶"，用玫瑰花和紅石榴汁與茶水調在一起，顏色是誘人的粉紅色，口感清爽，滋嗓養顏。

　　地址：成都市紅瓦寺街9號

　　電話：028-85234998

### 茗品茶樓

　　在成都有名的電腦一條街上，典雅的外觀在繁忙的人流中一下子吸引住行人的視線。整個茶樓採用蘇杭園林式的盆景設計，生機勃勃的綠色植物讓人倍感舒適。桌椅爲白色的歐式鋼架，放上軟軟的靠墊，溫馨而親切。地上鋪着深藍色的地毯，疏鬆厚實。這個茶樓的"花毛峰"特別值得推薦，它採用峨眉山特產優質毛峰焙製，泡茶時用蓋碗茶杯，注水高衝低泡，沖泡後蓋上蓋子悶上一會兒，等大部分茶葉下沉後再摻入溫開水，則清新的茶香就慢慢逸入鼻內，令人沉醉。

地址：成都市科華北路8號附1號

電話：028-85240470

## 望江公園竹林茶館

位於城東九眼橋，與四川大學一牆之隔，是竹林掩映下的茶館。提供麻將玩樂和各類小吃，乃成都市民休閒娛樂的旺地。該公園是薛濤的故居，內有女詩人諸多遺跡。

地址：成都市望江路30號望江樓公園內

電話：028-85210673

## 大慈寺茶園

市中心成都市博物館內，悠久歷史和古舊建築是該館的金字招牌。成都的文人墨客們經常在此呼朋喚友，館內常有古玩字畫交易。

地址：成都市蜀都大道東風路成都市博物館內

電話：028-86659321

## 聖淘沙茶樓

成都最高檔的茶樓之一，是商賈談生意和豪客玩感覺的地方。樓內有18世紀英國宮廷風格的單元和13間貴賓廳，極品咖啡、絕版器皿、名牌雪茄應有盡有。外加正宗西餐及歐式紅茶。它與相距不遠的順興茶館共爲成都中、西茶樓的典範。相同處是標籤上不菲的價格。

地址：成都市撫琴西路175號

電話：028-87744535

一座歷史流芳的城市

成下
HUNCHI
G DE CHENGSHI

三千年的風雨滄桑，造就了這座城市豐厚的文化底蘊…

對於中國的歷史，是很多外國人
最爲頭痛的事，因爲時間太長，五千
年！内容太多，朝代的更換太頻繁，
名字太難懂，太難記……但是來到成
都，你卻不能不看它的歷史遺跡，因
爲這座城市是與歷史不可分隔的：具
有近三千年的歷史，而且從未換過名
字，在這個世界上很難找到第二個！

　　朋友建議説，了解成都的歷史，
必須要先看被稱爲"世界第九大奇蹟"
的三星堆遺址，因爲成都的歷史始於
那裡。於是，我們驅車四十分鐘，走
完了成都先民用將近三千年時間所移
動的距離：在離成都西北方三十公里
處的一幢類似太空飛行物的奇特建築
物前，我看到了"三星堆博物館"幾
個大字。

三星堆出土的青銅立人像

　　三星堆遺址，是一處距今五千年
至三千年左右的古蜀文化遺址，面積
達12平方公里，是20世紀重大的考古
發現之一。在三星堆博物館裡，我深
切地感受到它那充滿神秘色彩的青銅
文化。在衆多的青銅人面像裡，有三
件著名的"千里眼、順風耳"造型，
它們不僅體型龐大，而且眼球明顯突
出眼眶，雙耳更是極盡誇張，大嘴亦
闊至耳根，使人體會到一種難以形容
的驚訝和奇異。同時，三星堆遺址出
土的青銅神樹，堪稱世界上絕無僅有
極其奇妙的器物。青銅神樹分爲三層，

三星堆出土的青銅神樹

樹枝上共棲息着九隻神鳥，顯然是"九日居下枝"的"扶桑神樹"的寫照。繁茂的樹枝、果實及花朵，尾在上頭朝下攀援在青銅神樹上的神龍，讓人們在驚嘆之後常會引起這樣的思考：古代蜀人採用極其高超的青銅工藝和造型藝術，鑄造這件充滿了神奇想像力的青銅神樹，究竟是做什麼用的呢？三星堆遺址及其出土文物有許許多多的神秘之處，世界各國的考古專家爭論了半個多世紀，仍有許多千古之謎至今難以破譯，以至於不少外國媒體稱三星堆遺址是"外星文明"的遺物。

接着，我們又驅車南下，參觀了與三星堆文明一脈相承的金沙遺址。這個21世紀初被挖土機偶然發現的古遺址，被世界考古學家稱之爲"中國最重大的不可思議的考古發現"。由於金沙遺址還沒有對外正式開放，我們被特殊地安排走進遺址工地和出土文物庫房，近距離地目睹了這些價值連城、意義非凡的千年古物。據工作人員介紹，位於成都市蘇坡鄉金沙村的金沙遺址，是在開挖一個街道工地時被發現的。遺址所清理出的珍貴文物多達

千餘件，包括：金器、玉器、銅器、石器、象牙器，出土象牙總重量近一噸，還有大量的陶器，規模和數量在全世界都絕無僅有。從文物時代看，絕大部分約爲商代(公元前17世紀初至

我掛在了美國家中的書房裡。工作人員說他們當時挖掘這些象牙的時候，就像做外科手術一樣細緻和小心，因爲如果稍不留意，象牙就會碎裂成粉末。現在僅每封存一支象牙所用的矽

象牙出土現場

公元前11世紀)晚期和西周(公元前1046－前771年)早期，少部分爲春秋時期(公元前770年－前476年)。在戒備森嚴的金沙遺址庫房裡，我們逐一參觀了出土的象牙、野豬牙、烏木、玉璧和各種精美的金器。面對這些難得一見的珍寶，讓第一次和出土文物"親密接觸"的丹尼驚嘆不已。

在文物庫房陳列的一排排用矽膠密封保存的象牙前，我被破例允許照了一張照片，這張珍貴的照片後來被

膠，成本都在一萬元以上。在出土的金器中，有金面具、金帶、圓形金飾、喇叭形金飾等30多件，其中金面具與廣漢三星堆的青銅面具在造型風格上基本一致，其他各類金飾則爲金沙特有。玉器種類繁多，且十分精美，其中最大的一件是高約22厘米的玉琮，顏色爲翡翠綠，雕工極其精細。工作人員用帶着白手套的手，小心地將它舉到我們的面前，那表面細若髮絲的微刻花紋和一人形圖案清晰可見，令

人感嘆不已。數百件的青銅器主要以小
型器物爲主，有銅立人像、銅瑗、銅戈、
銅鈴等，其中銅立人像與三星堆出土的
青銅立人像相差無幾。石器則有一百餘
件，包括石人、石虎、石蛇、石龜等，
是四川迄今發現的年代最早、最精美的
石器。其中的跪坐人像造型栩栩如生，
專家認爲，極可能是當時貴族的奴隸或
戰俘，這表明當時的蜀國已比較强大。

　　令我最激動的是在伸手可及的距離
內，看到了那幅太陽神鳥的金箔，金光
閃閃，栩栩動人，其圓形金箔上的鏤空
紋飾，如同一幅均勻對稱的剪紙圖案，
無論是紋飾的整體布局或圖案的細微之
處，都一絲不苟。內層中心爲一鏤空的
圓圈，周圍有十二道等距離分布的象牙
狀的弧形旋轉芒，這些外端尖銳好似象
牙或細長獠牙狀的芒，呈順時針旋轉的
齒狀排列。外層圖案是四隻逆向飛行的
神鳥，引頸伸腿，展翅飛翔，首足前後
相接，圍繞在內層圖案周圍，排列均勻
對稱。整幅圖案好似一個神奇的漩渦，
又好像是旋轉的雲氣或是空中光芒四射
的太陽，四隻飛行的神鳥則給人以金鳥
馱日翺翔宇宙的聯想。……工作人員説，
太陽神鳥現在已經成爲解讀成都最好的
城市符號，作爲古蜀文明的瑰寶之一，
其獨特性、唯一性和可識別性是其它任
何文物都無法取代的。古蜀人是世界上
最早開採使用黃金的古老部族之一，我

玉琮

玉璧

金面罩

金帶

們所看到的金面具、金冠帶、金箔蛙形飾、金喇叭形器、金盒等金飾器物，已展現出古代蜀人高超的黃金加工製作技藝。但太陽神鳥金箔更是圖案詭異、風格奇特，它以簡練和生動的圖像語言，透露了有關古蜀太陽神話傳說的信息，記述了商周時期古蜀國極爲盛行的太陽崇拜習俗，爲我們了解古代蜀人的精神觀念和追溯古蜀時期一些重要祭祀活動的真實情形，提供了極重要的資料。

離開金沙遺址，我久久地不能將金沙那些精美的出土文物從我腦海中搬離，想象着三千年前蜀的先民在這塊土地上所創造的輝煌，回味着工作人員那充滿激情的話語：金沙遺址出土的玉戈、玉鉞等禮器明顯與中原同時代文物一致，這說明金沙文化與中原文化有着深刻的內在聯繫。同時，金沙遺址出土的玉琮、玉璋並不是此地“土生土長”的，它們是通過長江這條自古以來的黃金水道自下而上運輸至此的。金沙文化與中原及長江下遊的頻繁交流充分說明了此時的古蜀文化不是孤立的，而是中國古代文明的一個重要組成部分。這也再次證明了中華古文明的多元一體論，各區域的文化都是彼此作用和相互影響的。中原文化的器物通過長江傳到蜀地，證明成都當時對外交往和貿易已非常頻繁，蜀地也不是如文獻記載的“不曉文字，不知禮樂”的蠻荒之地，說明金沙當時已成爲西南地區最重要的政治、經濟、文化中心。

　　這種推論，在成都商業街剛剛發現的戰國船棺中得以印證。這是一座距今約兩千五百年的古蜀國墓葬群，六百平方米的墓葬中共發掘出十四具合葬船棺，這些船棺都是用貴重的楠木整木鑿成，其中最大的長達十八米。這是古蜀開明王朝王族或上層貴族的家族墓地，棺木中多數保存完好。專家推測，若墓坑不遭破壞，應該有三十多具棺木。由於墓地曾長期受水浸泡，棺中屍體只剩骨架，而土木製成的文物卻得以保持光鮮色彩。據工作人員介紹，此墓群雖然沒有挖出金銀珠寶，卻仍有大量重要文物存留，土銅器、陶器、漆器、竹木器數以百計。其中大量精美的漆器尤爲耀眼，色彩亮麗，紋飾斑斕，種類繁多，是四川戰國漆器中僅見的精品。目前，墓地還有兩具保存完整的大獨木棺沒有開棺驗屍，估計還會有重大發現。目前這座墓葬的保護方案正在擬定之中，有關專家希望在墓地發掘原址上建一座博物館，妥善保存這處重要遺址。

漆藝　　　　　　　　　　　　成都商業街戰國早期古蜀船棺遺址全景

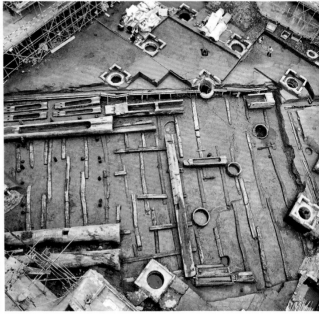

　　三大遺址的參觀，讓我對古蜀文明的魚鳧、杜宇、開明等重要時期，有了基本的了解。那燦爛而獨特的文化，讓我感受到古蜀文明獨有的神秘和詭異，更讓我對成都豐厚的歷史沉澱無比敬仰。

　　說起成都，唐代大詩人杜甫有詩云：“暗想舊遊渾似夢，芙

錦繡芙蓉

蓉城下水茫茫。”可見那時的成都就是一個水天渾然一體，芙蓉花開滿城，充滿詩情畫意的都市。五代十國時期青史留名者，不是皇帝和文臣武將，而是一位花蕊夫人。相傳後蜀皇帝孟昶爲博愛妃“花蕊夫人”之歡心，命官民在成都城遍植芙蓉，四十里花開如錦繡，成都由此而被稱爲蓉城。芙蓉花嬌美動人，有國色牡丹般的容顏，還有拒霜傲雪的堅毅品格，不愧爲富饒美麗的成都的象徵。其實現代的成都是一個多元化的城市，這裡有很多大都市的影子，比如對政治的關注絕不遜色於北京，大街上的商業氣息比上海也差不了多少，有許多的現代藝術家，地下搖滾樂隊，狂熱的球迷，麻將高手……但成都卻還是一個有着深厚歷史文化

感的城市，這種根植在成都人骨頭裡的歷史文化感，對成都人來說是一種狀態，也是一種境界，沉澱着的是一種寧靜又不失喧囂的歷史文化觀。

正是由於這種境界，古往今來，在成都休養生息和揮灑詩文的傑出文人頻頻輩出。成都人物的歷史長廊，幾乎全都由文人占據。於是，成都人保留了武侯祠、大慈寺、王建墓，重建了杜甫草堂、文殊院、青羊宮……就像經歷了三千年晨露洗禮過的芙蓉花：鮮艷而頑強，嫵媚而具有個性，特別是那花瓣上的露珠，晶瑩而剔透，明珠般地將那一縷縷陽光，小心翼翼地攬入懷中，然後，再輕輕地讓它飄揚而去……幾千年的風雨滄桑和文人墨客們的詩情畫筆，滋養出這座神奇的城市，造就了有着豐厚文化底蘊的成都。

記得上世紀80年代初，我第一次到青羊宮參觀恰逢大雨，在破舊殘敗的屋簷下躲雨時，曾聽到一陣嗚咽的簫聲。一個賣簫的盲人吹着一首我並不熟悉的古曲，那聲音委婉曲折，在雨中有一種好淒涼的感覺。在嗚嗚的簫聲中，那雨點古老得讓人迷失，似乎是祖先滴下的淚，沿着歲月的古簷，默默地流下，溫滌着我

成都青羊宮

年輕靈魂裡那淡淡的風塵。我默默地站在的水流下，舒展掌心，接一縷冰涼的雨水，看它們在手中綻放出水晶一般的花朵，從空中墜落、破碎，彷彿告訴我歲月的無情。我走過去拿起兩支竹簫，在那盲人的錢盒裡放下一些錢，那聲音我現在依然記得，那簫中的一支到現在我還依然保留着，並把它帶到了美國。現在已經二十多年過去了，不知那位賣簫的人現在何方？

在這次成都的行程裡，本來沒有青羊宮之行，但由於那淒涼的簫聲在我心中迴旋了二十年，讓我無法忘懷，所以在緊張日程之外，我還是抽空去了一趟位於成都一環路西二段的青羊宮。青羊宮是中國著名的古代道觀。它始建於西周，興盛於唐代，屢經滄桑興廢。道教創始於東漢，尊奉老子為始祖，以老子《道德經》為經典。成都本是中國道教的發源地之一，每年的中國農曆二月十五，這裡都要舉行花會，相傳這天是老子的生日。青羊宮果然不愧為道教第一殿。占地數十畝，殿宇氣勢恢宏，層層遞進。

一見青羊宮的正門，發現已被修繕得煥然一新，而且古色古香、莊嚴雄偉，"青羊宮"三個金色的大字在陽光下顯得格外耀眼。經導遊介紹才知道這還是清朝乾隆年間成都華陽縣令安洪德的筆跡，也算得上是青羊宮的一大文物。門前站着一對很威嚴的石獅子，走進去，只見殿前殿後人頭攢動，行者拜者祝者湧湧。空氣中瀰漫着香燭特有的濃郁而懞懂的氣息。紅燭如淚溢滿香池，銅鼎中黃紙盛燃如沸。升騰的熱氣裹着片片紙屑彷彿電影中人工布景的雪花灑落，飄飄然漫空輕舞飛揚。沒想到青羊宮香火如此旺盛，身邊川流着身背黃袋的香客，許多人顯然是遠道而來。

青羊宮在明代以前曾香火旺盛，但在明末時毀於兵亂，現存建築大部分為清代以來陸續建成的。其中八卦亭重建於清同治至光緒年間。八卦亭底座四方，亭基三層：上為圓形，中為八角形，下為正方形，亭身呈圓形。"乾、坤、震、巽、坎、離、艮、兌"八卦各主一方，以象徵中國古代天圓地方之說。整亭以木石結構，四周無牆，只以龜紋和雲花木雕相隔，不施一栓一楔，全部用枋桷等壘成方孔，斜穿直套，絲絲入扣。該亭共有十六根柱

成都青羊宮八卦亭

子，外柱八根，每根柱上栩栩如生盤繞着八條金龍，據説全亭共刻龍八十一條，象徵老子九九八十一變。

沿着幽徑來到混元殿，忽聞陣陣飄渺悠遠的音樂，放眼尋去，只見一夥身着道裝的師傅在演奏道樂。那音樂給人一種飄飄欲仙的感覺，如天籟之音打動着我那尋夢的心靈……

在三清殿右邊的印經院，我看到了道教主要典籍《道藏輯要》，此書爲清康熙年間印，全書計245冊，其字板係木刻，共計一萬四千多塊，每塊兩面刻字，一面兩頁，據説用了15年才刻完。幽雅的環境、莊嚴的神像、悠揚的音樂、清香的茶水、美味的素食……已讓我深深地感受到了道教文化的博大精深。

其實這種被歷史的博大精深所感染的情緒，一直伴隨着我這次的成都之行。就如我在飛機上寫下的筆記：在那盆地的深處，有一棟茅草屋，那裡有曾觸摸過我童年心靈的詩魂——到了成都，誰會錯過杜甫草堂？

我們是在第四天的下午瞻仰杜甫草堂的，走入這園林一般美麗的草堂，濃密的林蔭，清新的空氣，啁啾的鳥鳴，既能讓人

成都杜甫草堂一角

成都杜甫草堂

工部祠

葉聖陶

異代升堂宋兩賢

荒江結屋公千古

成都杜甫草堂內的工部祠

發思古之幽情，又可享大自然之浪漫，難怪詩人當年可以在這裡寫出流傳千古的佳句呢！走近今人重建的草堂，雖然我已經全然看不出「八月秋高風怒號，卷我屋上三重茅」的殘破景像，似乎缺少了某些古老淒涼的感覺，但還是用鏡頭記錄下詩人曾經居住過的地方。杜甫，一生東西漂泊，生於河南，死於湖南，足跡幾乎遍及半個中國。公元759年，仕途無門，貧病交加的杜甫，領着全家踏上了入蜀旅程。也許，這只是詩人不得已的選擇，然而，這選擇又實在是正確而又明智的。因爲詩人長期的饑寒交迫的生活將在成都得到轉機。在好友的資助下，杜甫在成都西郊築茅屋而居，前後住了四年，寫詩兩百四十餘首，其中許多成爲名篇。蜀地相對富饒寧靜的生活，淳樸的民風，四季常綠一片明麗的田園風光，不僅大大改變了詩人憂傷的心境而且使他的詩風也於慣常的沉鬱之外憑添了許多清新明麗。公元765年，因好友相繼去世，杜甫在成都失去了重要依靠，只好於公元765年攜家經水路出蜀，公元770年病逝於湘江舟中，卒年59歲。

這個草堂，不但被視爲中國文學史上的聖地，也給成都人帶來難以言喻的自豪。現在的杜甫草堂實際上是一座優美的園林，它由「草堂」和東鄰的古梵安寺合併而成的，面積達三百餘畝。草堂大門匾額「草堂」二字，是由清代康熙皇帝的兒子所書。從大門到後園假山，一連四重殿宇，其間古道中伸，迴廊左右，樓閣相對，亭臺高下，林木蒼翠，流水潺潺，幽深淡雅，構成了一種典雅的風格。

杜甫是中國歷史上最偉大的詩人之一，成都的包容，讓詩人寫出了許多膾炙人口、留芳百世的詩篇，詩人的「草堂」則給成都留下了一個千古相傳的美名，一座不朽的豐碑……從草堂出來，我想起了杜甫的一句詩：「丞相祠堂何處尋？錦官城外柏森森」。於是，我們又開始尋訪聞名遐邇的武侯祠……

武侯祠建於唐代，主體建築分大門、二門、劉備殿、過廳、諸葛亮殿五重，嚴格排列在從南到北的一條中軸線上。一進大門，濃蔭叢中，矗立着六塊石碑，一棵幾抱大的古柏，傳說是孔明親手所植。步入二門，是一座氣勢雄偉、寬敞的大殿，正中有劉備貼金塑像，兩邊有關羽和張飛的塑像，這三個人當年結拜兄弟、並成就大事的故事，在中國人人皆知。出劉備殿，穿過掛有"武侯祠"匾額的過廳，就到了諸葛亮殿。殿內供祀着諸葛亮的貼金泥塑坐像，神態儒雅，鎮定從容。諸葛亮是中國歷史上一個機智聰明的宰相，同時也是中國人心目中的忠臣的典範。

在過去漫漫的幾千年中，中國人的選擇有時是很悲哀的。比如：要在金錢與學問間作出選擇，在爲官與爲人間作出選擇。雖然無論在過去還是在今天，人們首選的還是金錢與爲官，因爲這兩樣東西太具誘惑力，但大多數人認爲歷史通常會選擇永恒的文字，而不是急功近利的政治。在成都，我卻看到一種逆向的思維方式，成都人懷念的不單單是那些文人聖人，亦給歷史上那些曾爲成都這塊土地做出貢獻的官吏，建立起一頁歷史的記憶甚至

武侯祠三義廟大殿

豐碑。成都民風有知情重義的特點，在歷史上不論治蜀的官吏來自何方，是哪裡人，只要他爲百姓辦了好事，成都人都知恩如山，爲他們修廟宇、建祠堂，千古銘記。無論是武侯祠，還是都江堰，都讓我們看到了做"良吏"的前景。只要真心爲民，圖利鄉里，成都人是不會忘記他們的，如李冰，如諸葛亮……。

劉備塑像

諸葛亮塑像

在成都喧囂繁華的鬧市區中，有一處"老成都"的舊址，它像一張歷史的活頁，告訴人們幾百年來成都人的生活方式與情趣，它也是成都最著名的一張名片——寬巷子和窄巷子。在驕陽下，我走進了這張歷史的畫卷：寬巷子，其實並不寬，一條不太平整的馬路，窄窄的蜿蜒曲折，路兩邊梧桐樹投下或陰或暗的影子，陽光從樹葉間穿透而下，那斑駁的牆壁和脱漆的柱子，正在靜悄悄地訴説着一代又一代人的故事。太陽火辣辣地烤在巷子狹窄的街道上，知了在樹枝裡不知疲倦地叫着。走在裡面，思緒彷彿被捲進了歷史長河裡的某一個漩渦，時間似乎突然慢了下來，斑駁的灰牆青瓦擋住了城市的喧囂，午後的巷子裡安靜得有些

成都武侯祠內的武將塑像長廊

成都窄巷子

意外。望前看去有一種委婉延伸、九曲迴腸的深縱感，彷彿再
繼續往前走幾步就會產生一種留戀的情緒……幾個小孩子在路
邊默默地看書，一位慈眉善目的老人似醉似睡地坐在門前的竹
椅上，偶爾間把手中的茶杯送入口中，然後繼續沉浸在那與世
隔絕的狀態中，彷彿在追憶着似水流年。微風輕輕拂過，陣陣
樹香襲人；樹葉搖曳，晃出點點光暈；在現實與歷史的交錯之
中，一切開始模糊，開始越來越遙遠……二百多年前，公元
1718年，清朝廷派三千官兵平息邊疆叛亂後，選留千餘兵丁留

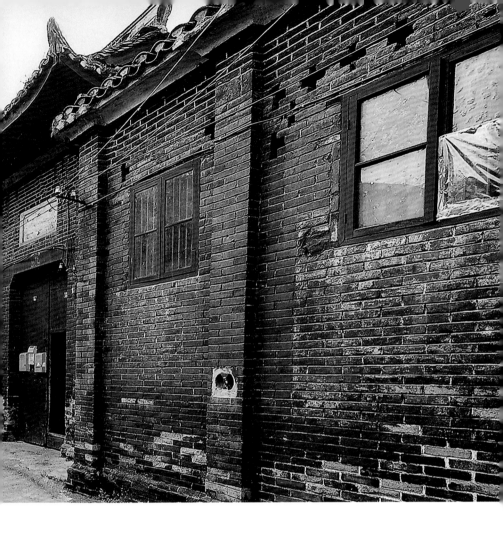

駐成都，並在成都修建兵舍，專以駐紮八旗官兵及眷屬。寬巷
子住文武官員，窄巷子則住兵將，自此這兩條古巷就保留了下
來。現在我們所看到的，就是從清代留下的庭院瓦房。那青瓦
灰牆，那紅門朱簷，那門口的拴馬石都告訴人們，這裡曾經住
過大戶人家。那高門樓，那花牆裙，既有南方川西民居的特色，
也有北方滿蒙文化的內涵。

　　走在寬窄巷子裡，最好在某處隨意停下來，閉上眼睛，做
個深呼吸，嗅嗅老成都人古樸的平凡生活。或者乾脆坐在街沿邊

成都寬巷子

板凳上，買一份報紙，讀市井新聞，聽世居此地的老大爺擺真偽
難辨的玄龍門陣。

　　寬巷子有個著名的旅館"龍堂客棧"，四合院，小天井，常
有國內外的遊客來此下榻，便宜方便，更重要的是可以在寬巷子
留連。老板本身就是個老背包族。不同膚色的人在此進出，龍堂
客棧成了一個小小的"聯合國"。還有一家小旅館叫"小觀園"，
古木幽深，也是四合院，木板樓。老板是一位國畫家，喜歡中國
畫的遊客可以和他切磋。

　　寬窄巷子，對於成都人來說，與其說是一段歷史，不如說
是一種回憶，一種紀念，一種精神的寄托。看着那些屋簷上垂
下的爬藤，一扇扇或開或閉的大門，灰跡斑駁，門楣上雕刻的
吉祥物已開始剝落，張牙舞爪的麒麟在屋脊上與飛揚的屋角相
映成一種歷史的音符，彷彿在陳述着寬窄巷子如歌的歷史，感
覺時光似乎倒退了許多年。我流連於這些雕花門楣、青磚壁瓦
間停停走走，努力梳理着這座城市的歷史文化的肌理。一不小
心撞進一個機關，一座雕樑畫壁的四合院，一個鋪滿青磚的天
井……彷彿帶你走進舊時的歲月，或是進入了一個與世隔絕的

王府。我想像着有一天能倚窗而坐，沏一杯蓋碗茶，一碟瓜子，讓人安靜得什麼都不想，感覺一下幽遠清韻的意境。走出來，到處是灰色的牆身，灰色的土瓦，灰色的院落，小巧而刻着花紋的黑色小瓦，經年雨水沖刷而生出的青苔，還有那青荒的茅草……這一切都見證着一種遙遠卻近在咫尺的寧靜和滄桑，於是巷子就有了顏色有了聲音。推開其中一扇掉漆的木門，除了門外僅存的威嚴氣派依稀可以看出當年盛景，大多數的院子已是人稀樓朽，雜草叢生。我突然間感到一種從沒有過的失落，仰望巷子上的天空，天離得那麼近，巷子的盡頭就是昨天，一種古老的生活方式正在逝去……雖然我知道，許多歷史的遺物都會在都市建設的步伐中逐漸消失。但多少年以後，穿過百年風雲，穿過當年的金戈鐵馬和褪色後的繁華，穿梭於這座城市的人們，還會不會有人記得這些寫滿滄桑的老房子……

　　晚上，見到一位曾當過成都副市長的朋友郝康理時，我說出了我的這種憂慮和感想，這位對攝影很有研究的現任市委常委笑道：「我們跟你有同樣的憂慮和擔心，所以我們才在開發建設新成都的同時，將保護和發展成都的歷史文化遺產，放在了一個很重要的位置。你放心，成都所追求的並不是一個盲目擴張的現代化，而是要建設一個經濟、政治、文化、社會均衡發展的城市，一個歷史文化與現代文明交相輝映的都市。」

　　他說：「正如你所知道的，成都所處在的地球北緯三十度線上的兩側，產生過一系列世界奇觀和難以解釋的現象：埃及金字塔，北非大沙漠，蘇伊士地峽，喜馬拉雅山，三峽，長江入海口，密西西比河入海口，百慕達三角區。但更為奇特的是：基督教、伊斯蘭教、猶太教、佛教和道教這五大宗教，也都發祥在這條神秘緯線的兩側！這些未解之謎，不但沒有讓我們疑惑而步止，反

成都思蜀園

蜀都大道夜色

而是給了我們一種動力，一種充滿自信的力量，讓我們能從歷史
的角度來理解成都，建設成都……

　　成都的夜晚很可愛，站在酒店的窗前，看着大街上人流如
織的街道和光芒四射的霓虹燈，聽着三輪車夫的吆喝和滾滾車輪
的響聲，看着它們在城市的某一條馬路上流淌並匯合。置身其中
彷彿回到前世的某個瞬間：成都就是這樣一座在歲月的長河中，
洗禮了近三千年的古都。它在大街小巷中留有太多的故事和演義，
無論是杜甫草堂那散發詩味的青瓦，還是青羊宮那浸滿滄桑的灰
牆，都在向人們述說着那悠長的歷史。甚至當你走在街上，迎面
飛來的雨滴和落葉都帶有一種歷史的沉澱……

城市夜景

Tips

### 三星堆博物館

坐落在離成都三十公里的三星堆遺址邊，占地200畝，建築面積14000平方米，文物展出共分“三星伴月——燦爛的古蜀文明”“衆神之國——神秘的原始宗教”“千載蜀魂——奇絕的文物精華”“三星永耀——三星堆的發掘與研究”四大部分。自20世紀30年代三星堆遺址被發現，到1986年兩個祭祀坑的發掘，三星堆就以歷史久遠、文物精美、文化獨特、神秘莫測而引起世人的矚目。距今約有4000～5000年的歷史，是成都歷史最久的古蜀國的中心。三星堆遺址及其出土文物的許多重大學術問題，至今仍是難以破譯的千古之謎。

地址：四川廣漢三星堆

電話：0838-5500349

網址：www.sxd.cn

### 金沙遺址博物館

金沙遺址位於成都市西郊蘇坡鄉金沙村，是四川省繼三星堆之後最爲重大的考古發現之一，金沙遺址的發掘，對研究古蜀歷史文化具有極其重要的意義。金沙遺址所提供的是以往文獻中完全沒有的珍貴材料，將改寫成都歷史和四川古代史。遺址所清理出的珍貴文物多達千餘件，包括：金器30餘件、玉器和銅器各400餘件、石器170件、象牙器40餘件，出土象牙總重量近一噸，此外還有大量的陶器出土。隨着發掘的進展，不排除還有重大發現的可能。

地址：成都市蘇坡鄉金沙遺址

電話：028-66270171

網址：

## 杜甫草堂

中國唐代著名詩人杜甫流寓成都時的故居，總面積爲300畝、小橋、流水、梅園、竹林交錯庭中，另有春之梅，夏之荷，秋之菊，冬之蘭可賞，置身其中，讓人可發思古之幽思，又享大自然之浪漫。主要建築自前至後有大廨、詩史堂、柴門、工部祠等。陳設着杜甫生平介紹和宋代以來各個時期的古版杜甫作品和各種外文譯本。

地址：成都市草堂路

電話：028-87319258

網址：www.dfmuseum.org.cn

## 武侯祠

紀念蜀漢丞相諸葛亮的一座祠堂，也是成都市主要的旅遊參觀點。除劉備殿、諸葛亮殿外，還有蜀帝劉備的墓、諸葛亮貼金塑像。陳列有出土的蜀漢文物複製品和三國歷史圖片，字畫、對聯甚多。

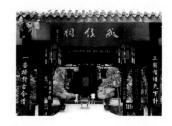

地址：成都市武侯祠大街231號

電話：028-85559027

網址：www.wuhouci.net.cn

### 青羊宮

位於成都市新西門一環路內側。是成都市內建築年代最久遠、規模最大的一座道教宮觀。宮內現存建築係清代重建，主要有：三清殿、鬥姥殿、混元殿、靈祖樓、紫金臺、八卦亭等。宮內還藏有著名的道教木刻《道藏輯要》、石刻呂祖像等。

地址：成都市一環路西二段9號

電話：028-87766584

網址：www.grtc.cn

### 文殊院

成都市內保存最完整的一座佛教寺院，供奉大小300餘尊佛像，四川省和成都市的佛教協會就設在寺內。文殊院占地6公頃，坐北朝南，進門往裏走依次是天王殿、三大土殿、大雄寶殿、說法堂、藏經樓。東西兩廂是鐘鼓相對，齋堂與客堂對稱排列。各殿堂之間有長廊密柱相連結。全院共有房舍190餘間，建築面積2萬餘平方米。各殿堂的鏤空花窗式樣繁多，圖案精美，是研究中國古建築雕飾藝術難得的實物樣本，並收藏有各種佛經上萬冊。

地址：成都市文殊院街15號

電話：028-86952830

網址：www.konglin.org

## 永陵博物館

永陵博物館即王建墓，坐落於成都市中區繁華大街撫琴東路，爲五代時前蜀皇帝王建的陵墓。墓封土高15米，直徑80米，周長225米。墓內有14道雙重石券砌成，分前、中、後三室，全長23.6米。中室放置王建棺槨，棺床東、南、西三面刻有圖案，圖案中的十二力士雕像，他們抬扶着棺座，造型奇特，無一雷同。

地址：成都市永陵路5號

電話：028-87760688

網址：www.ylmuseum.com

## 望江樓

望江公園座落在成都錦江河畔的一片茂林修竹中，面積170畝，園內岸柳石欄、波光樓影、翠竹夾道、亭閣相映，是爲紀念唐代著名女詩人薛濤而建。園內的崇麗閣、濯錦樓、吟詩樓枕江而立，五雲仙館、泉香榭、枇杷門巷、清婉室、浣箋亭等紀念性建築群，布局精巧，匾聯碑刻頗多。薛濤一生愛竹，爲紀念薛濤，後人在園內遍種各類佳竹，薈萃了國內外150餘種竹子。

地址：成都市望江路30號

電話：028-85249305

網址：www.wangjianglou.com

# 一座被水滋潤的城市

一座被水滋潤

城市
# BEISHUI
# DE CHENGSHI

因為水，成都才有了這樣的品性： 閒適、寬容、奮進……

龍騰錦江

成都有大熊貓，亦有衆多的歷史遺跡和豐富的飲食文化，但成都的魅力還不僅僅這些。成都還有着平實快樂的生活細節，有着唾手可得的幸福時光，有着價廉物美的美好享受。

如塞納河之於巴黎，多瑙河之於布達佩斯，流經成都的府南河，不但孕育了成都，也滋養了成都的千萬子民和一草一木。而且這水，不僅是自然的，更是歷史與意志的。這水，好

成都在中國的地圖上好像是一個中轉站，連接着平原的繁華與高原的蠻荒，它用航線、鐵路、公路和迷失千年的"南方絲綢之路"，一端通向中國沿海相對發達的東南部，一端通向神秘美麗的青藏高原。成都不僅得天獨厚，而且備受祖先眷顧，在水源極爲缺乏的中國西部，成都竟是一座被水環繞着的城市。

似它的靈魂，似乎没了它，成都便不是成都了，成都便没了靈氣，富庶、秀麗、繁華及其他的一切似乎都顯得牽强附會起來。中國沒有哪一個城市像成都那樣，剛好處於幻夢與真實的交匯點。

有人説，成都是中國歷史之城；也有人説，成都是最悠閒的城市；更有人説，成都是一座被水滋潤的城市。

果然不假，第二天一睜開眼睛，就聽到窗外淅淅瀝瀝的雨點聲，打開窗簾一看，整個成都籠罩在一片煙雨之中。記得在網上讀過一篇文章，說水是支撐成都千年不變的重要緣由，"兩條穿是她蜿蜒的血脈，那漫天飛舞的雨絲，是她溫柔氤氳的所在，綿綿的錦江滋潤着這個如詩如夢的城市，撫慰着這個城市的靈魂。望着在茫茫雨幕覆蓋下的成都城，我想像着，在那個千年

廊橋夜景

城而過的江水，無時無刻不在給成都注入面對時間的智慧，給她澆灌出一座古城面對星移斗轉的世事應有的那份沉着與自信。智者的流水默默穿越城市，它浸泡着城中的男男女女、老老少少，它給城市的骨髓輸送進溫柔的基因，也在它的骨質中植入了才子的波紋"。站在窗前，真切地感受到水裡的成都：那密布於她身體裡的河道前唐朝的錦城，也是這樣的一個六月，有這樣一場夏雨，浣花溪的碧水悄悄地漲起來，兩岸的野花在雨中搖曳飄香，草堂的香樟樹和柏樹被雨的精靈懷抱着。她們，在一個又一個夜晚，親吻着這座城市，濕潤了詩人的夢境，激發了詩人的靈感，寫出那麼美好的詩句："好雨知時節，當春乃發生。隨風潛入夜，潤物細無聲……"（杜甫）。

成都合江亭廊橋

　　一直很喜歡雨聲反襯下的一份靜謐，只有這時，生命的眼睛才可以望見自己的心靈，可以審視它這時的透明、安然、滿足……成都這座城市，拜天所賜，稟承了巴蜀之地最多的鍾靈秀氣，匯聚了川西壩子所有水流的方向，將蜀文化的深厚底蘊隱藏於山水草木之間，如水一樣保持着穿透時空的生命力。

　　於是我決定，叫車出去在雨中逛街。車慢慢地開在雨中的大街上，車窗外雨水猶如一道雨幕，而在這幕布後面的，是一幢幢隱隱約約的高樓……突然間看到一座黑瓦紅牆、古色古香的橋樓，"漂浮"在水面上，好似海市蜃樓般搖曳在波光之中……

　　“這是什麼？”我問。

　　“廊橋，就是安順橋。”司機說。

　　安順橋，當年馬可‧波羅遊歷中國，曾記載了中國四座橋，
其中就有成都的安順橋。司機說安順橋早年因風雨而垮掉。2003
年市政府將它重建，當時的市長李春城別出心裁地建成了這座能
遮風避雨的廊橋，成爲府南河上最漂亮的一景，讓成都老百姓對
他刮目相看。

　　成都是一個被水環繞着的城市，水多了，應運而生的橋也
成了成都的特色。城中的男男女女們，就是這樣幸福地活在水的

海洋裡。如果說，水滋潤了成都人的心靈，賦予他們以靈氣的話，那麼橋則成了連通成都內外的不可或缺的紐帶。世界不再遙遠，就在橋頭，在水路，山路延伸到的地方。而成都的花香，瀰漫在人們生活裡的花香，亦順着山路、水路流溢到那遙遠遙遠的地方。

成都的橋很有意思，有的以數字命名，如一心橋，二仙橋，三洞橋，五桂橋，九眼橋，十二橋；有的以形像比喻命名，如玉帶橋、彩虹橋、臥龍橋；有的命名很簡單甚至草率，如一號橋、二號橋；有的命名很平實，如北門大橋、南門大橋、錦江大橋；有的橋已沒有了，而名稱還在，如青石橋、洗面橋、磨子橋……它記載了成都的歷史變遷。

成都有不少關於橋的傳說，有的是史實，有的是虛構，有的真偽參半。九眼橋曾經是成都最大的舊書市場、勞動力市場和廉價小商品市場，隨着時間的流逝，它慢慢地沒落，現在只剩交通一項功能。離九眼橋下游兩三公里的錦江上，修了座新九眼橋。造型上，新九眼橋比老九眼橋更古老，加之它連通四川大學和望江公園，很多人晚飯後愛在它附近散步。

橋下流水，橋上歲月。今天的城市建設者們，還把他們捨棄不下的民俗風情和歷史記憶，想方設法地放在了鋼筋水泥的橋下：如人南立交橋下的老成都民俗公園，蘇坡立交橋下的梨園聖殿……打造出一個個獨特的城市風景。

我們的車剛好停到一個紅綠燈前時，雨突然間停了。

我驚訝地說：「這雨停的一點前兆都沒有。」

司機說其實成都的雨幾乎都是在夜裡悄悄灑落，天一亮就停。人們常常在清晨開窗看天氣時，才知道昨夜又下了雨。

既然雨停了，我們決定直奔具有兩千年歷史的都江堰。經過雨的洗禮，成都的街道格外清新，一排排樹木鬱鬱蔥蔥，好似剛剛沐浴完的姑娘，亭亭玉立地站成一條直線，含蓄幽雅地展示她們的美，讓你為之陶醉。進入都江堰市區時，這裡的建設比我想像的要美麗得多，寬敞乾淨的街道，青山環抱的社區。位於成都平原與龍門山銜接處的都江堰原名灌縣，後以都江堰命名。可

都江堰青城山

背景:青城

以想像到都江堰水利工程爲這個地方所帶來的恩惠，一如她帶給整個成都盆地的福祉：有了她，才有了萬頃良田；有了她，也才有了"天府之國"的美稱。在司機的導引下，我們步入都江堰景區古色古香的大門，雖然我已做了驚見都江堰的準備，但當我終於真切地站在她面前的時候，我還是感覺到一股熱血往心頭上湧……站在玉壘山上望下去，看那轟鳴流淌的岷江水，好像是歷史深處傳出的迴響。都江堰給人的震撼是無法用語言形容的，最令人震驚的是它的氣魄，而且綿延數千年，讓我的思緒忍不住要逆着奔騰不息的江水，去追溯歷史的源頭……

都江堰西面的岷江是四川境内水量最大的一條江，盤繞千山萬壑，從岷山奔騰而下。曾幾何時，岷江在造就川西平原燦爛的蜀文化的同時，也帶來了肆虐的旱澇之災。岷江水患帶來的東旱西澇一直是川西平原的心頭大患，公元前256年，時任秦國蜀郡太守的李冰及其兒子爲治理水患，率衆鑿灘堆、穿二江修築都江堰，岷江被一分爲二，洶湧江水經都江堰化險爲夷，水旱從人，把水害變爲水利，川西平原遂成沃野千里，民無饑饉，都江堰成爲成都平原的生命之源。

都江堰由魚嘴、飛沙、寶瓶口三部分組成。魚嘴是修建在江心的分水堤壩，把洶湧的岷江分隔成外江和内江，外江排洪，内江引水灌溉。飛沙堰起洩洪、排沙和調節水量的作用。寶瓶口控制進水流量，因口的形狀如瓶頸故稱"寶瓶口"。内江水經過寶瓶口流入川西平原灌溉農田。從山上望去，經過都江堰的疏導分流，道道清渠如扇面展開，似葉脈匀佈，浸潤着整個川西平原。如果説成都是"天府之都"，那麼都江堰則在很大程度上造就了它。一位作家曾説："因爲有了都江堰，旱澇無常的四川平原成了天府之國，每當中華民族有了重大災難，天府之國總是沉着地提供庇護和濡養。因此，可以毫不誇張地説，她永久性地灌溉了中華民族，有了她，才有諸葛亮、劉備的雄才大略，才有李白、杜甫、陸游的美麗華章。説近一點，有了她，抗日戰爭中的中國才有一個比較安全的後方。"

都江堰全景

從秦堰樓上拾階而下，最先遇到的是二王廟。二王廟是爲紀念李冰父子治水功績而建，初建於南北朝，名崇德祠，宋代以後李冰父子被封爲王，改稱「二王廟」。現存建築爲清代重修。

用粗如碗口的竹纜橫飛江面，兩旁以竹索爲欄，全長約五百米。現在的橋，下移一百多米，將竹改爲鋼，承托纜索的木樁橋墩改爲混凝土樁。遠看如飛虹掛空，近看像漁人曬網。漫步橋

都江堰二王廟

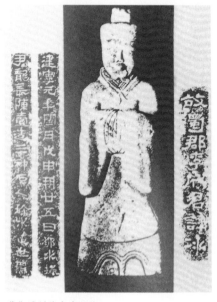

漢代雕刻的李冰石像

廟宇依山取勢，層層而上，宏偉秀麗，四周古木濃蔭，環境幽美。大殿及後殿內有李冰及二郎塑像。廟內石壁間刻有李冰治水的口訣：「深淘攤，低作堰」「遇灣截角，逢正抽心」等。再往下走則是丹尼最喜歡的安瀾橋，他反覆在橋上來回走動，享受着臨水搖晃的感覺。安瀾橋是橫跨內江和外江的一座索橋，索橋早期以木排石墩承托，

上，西望岷江穿山咆哮而來，東望灌渠縱橫而去，都江堰功能一目了然。穿過安瀾橋就是離堆，所謂離堆，顧名思義就是離開母體的小山堆。據史料記載，這個離堆，是李冰花了整整八年的時間才從對面的山體鑿開的。那個時候，沒有火藥，沒有先進的工具，李冰想出一個辦法，先用火燒，再用水澆，這一冷一熱，堅硬的岩石

反反覆覆熱脹冷縮，終於屈服。伏龍觀殿宇三重，巍峨矗立，順山勢逐級升高。前殿陳列着1974年修建外江節制閘時從河床中挖出的李冰石刻像，高三米，重四噸。石像造於東漢靈帝初年。

理。爲官者，應如李冰一樣，做什麼事都要有造福現代福澤後人的眼光，能功成名就、流芳百世，自然是好；不能，也無愧於心，無愧於天地之間！

都江堰安瀾索橋

伏龍觀的左側是寶瓶口，江水奔騰澎湃，氣勢磅礴。最高處建有觀瀾亭，兩層八角，憑欄遠眺，可見魚嘴、索橋及岷江激流、西嶺雪峰。

人們虔誠地在伏龍觀李冰的石像前鞠躬叩拜，感激他的豐功偉績。其實李冰只是在做一個爲官者該做的事，李冰的三字經「深淘灘，低作堰」和八字真言「遇灣截角，逢正抽心」，不但是治水的道理，亦隱含着爲官的哲

我們用了一個下午，在都江堰景區裡徜徉，看江邊庭院裡，百年亭閣重重叠叠、千年老樹蒼勁虬結，看滔滔的岷江水「轟轟」地奔流而去……無論是俯瞰古堰，還是臨水而立，盎然古意都會隨着江風撲面而來，汩汩江水宛若仍在講述千古風流。若能在這樣深幽靈秀的地方，悠閒地住上一段時間，每天在園裡看看書，在山上聽聽山風，此生足矣……沿着由座座

這六字真經既是都江堰成功之道，也是道家
文化的精髓。

都江古堰水系圖

石雕排開的堰功道，走出都江堰，像是踩着歷代治水功臣的精魂。
李冰之後，還有這麼多的忠誠將領，在默默守衛和維護着這個浩
大工程。其實，倘若沒有諸葛亮這些後來人，不要說都江堰，恐
怕連整個中華文明，也早像巴比倫、古埃及文明一樣，悄然崩塌、
泯滅。世界上許多古老的東西往往是只能用來緬懷和憑吊的，但
都江堰不是，它的古老是可以用來享用的，它的古老至今仍鮮活
無比。歷史的煙塵不知湮沒了多少浩大工程，像古巴比倫王國的
漢謨拉比渠、古羅馬的人工渠道等曾聞名於世的古水利工程都早
已荒廢，唯獨都江堰跨越了歷史的長河，古老脈管中仍搏動着不
竭活力，一如那澎湃不息的江水。在都江堰門口，有一塊世界遺
產委員會樹立的碑，孩子們認真地讀着，不時地發出一兩句讚嘆
聲，而我則是把那些文字深深地印在腦海裡：建於公元前3世紀，
位於四川成都平原西部的岷江上的都江堰，是中國戰國時期秦國蜀郡太守
李冰及其子率眾修建的一座大型水利工程，是全世界至今爲止，年代最久、
唯一留存、以無壩引水爲特徵的宏大水利工程。2200多年來，至今仍發揮
巨大效益，李冰治水，功在當代，利在千秋，不愧爲文明世界的偉大傑作，
造福人民的偉大水利工程……

　　都江堰的夜是溫柔的，但比夜更溫柔的是那月光下的盪漾水波。遠望，江水好像枕着城市的流光溢彩已經入睡；近看，江邊燈火輝煌的“冷啖杯”正在酣處。“冷啖杯”是成都人對宵夜的一種叫法。坐在江邊的竹椅上，憑江而望，陣陣江風襲來，涼爽無比。兩岸燈火輝煌，倒映在奔騰的江中，滿江流光溢彩，陣陣絲竹，和着嘩嘩水聲，宛如仙樂，在江面飄盪。如此美妙的景緻，已經讓人陶醉，更不用說店家端上的冰啤和各色鮮香可口的小吃了，還有許多小販穿行在其中，叫賣着冰粉、玉米棒、炸蘇花、酥燒餅、大葡萄等等當地特色吃食和各式水果，讓人無論如何都經不住如此的誘惑。有人說：“到成都不到都江堰等於沒來成都，到都江堰沒在江邊喝夜啤酒等於白來都江堰。”既使在這古老的江邊酩酊大醉一次，趺躺在街邊吹一夜冷風也是愜意的。

都江堰邊夜啤酒

古人離蜀餞別的合江亭

我們點了炒田螺、紅燒小龍蝦、各式鮮魚、毛豆、滷菜、啤酒、紅酒……，和着岷江的濤聲，幸福了一個晚上。丹尼快樂地到處遊逛，感受着江邊美妙的風景。司機說，來都江堰定居吧，每天晚上，你都可以端一扎啤酒欣賞血紅的斜陽，或掬一捧清亮的江水，洗一把困倦的臉。都江堰不大，卻是有山有水的園林城市，五條穿城而過的河給它增添了許多靈氣，空氣極其清新，尤如置身於一個天然大氧吧……

　　成都真是一座與水密切相關的城市，到過都江堰後就更沒有人能够否認了。歷史上因爲有了大禹和李冰父子，才有了成都在溫順的流水包圍中成長。這樣一座被水培育起來的城市，它氣定神閒，不具有暴虐的性格和很強的侵略性，它總是很謙遜地汲取外來的東西，然後像基因轉變那樣把別人的東西溶化成自己的東西，爲我所用。水的柔韌和嫵媚會使這座城市的人隨和、不頑固、不排外，在自信的同時有一種謙遜的品格。其實在成都歷史

都江堰放水節

活水公園

上留下聲名的很多人並不是成都人，如李冰、諸葛亮、李白、杜甫，他們都是因爲某種原因與這個城市結下了緣份，或留下了功德，或留下了文字。成都人從没把他們當做外人，不但爲他們樹碑立傳，而且還把他們當做了成都歷史的一部分。包括今天成都這個城市的經營者們，亦有許多是外來者，也許在許多年後的某一天，他們也將成爲成都歷史的某一個片段。這就是成都人，他們不會忘記每一個曾經爲這個城市鞠躬盡瘁的人。深厚的歷史沉澱，濃郁的文化氣息，還有浸潤巴蜀的茶文化，構成了成都人水一樣的包容性格……

傳說天神創造世界的時候，有一個不成文的規矩，給每座城一些水。成都的水來自都江堰，都江堰的水來自茫茫雪山。天神不但用水來滋養了生命，也蘊育了萬千的風情。

成都活水公園是世界上第一座城市環境綜合教育主題公園，1998年建成。它由中、美、韓三國環境藝術家共同設計，先後獲得了兩項國際組織獎——優秀水岸獎最高獎、環境地域設計獎。活水公園呈魚形，緊依府河，它展示了一個水淨化的過程：從旁邊的府河抽水上來，通過沉澱，流經種着蘆葦、菖蒲的塘，再流過魚塘，水就由污濁變清澈了。像活水公園這樣，海内外都享有盛譽，又同時被官方和民間認可的工程，在這個世界的城市中是不多見的。活水公園記錄了成都人的光榮與夢想：光榮是修建了府南河工程，清淤淘沙，修築河堤，把兩岸建成綠化帶，使"腐爛河"成了成都的金腰帶(府南河綜合治理工程先後獲聯合國人居獎、聯合國最佳範例獎、地方首創獎。)；夢想是府南河水變清澈。

活水公園對於成都人來説，不只是環保教育的樣板，其觀賞性也很不錯。如果從直升飛機上俯視，你會看到融貫中西的精巧布局，而漫步其間，又感受到細節之美。園内建有中心花園、雕塑噴泉、峨眉山植被、黄龍五彩池等模擬自然風景。夏日的晚上，聞着菖蒲的香味，聽青蛙鳴叫，你會有鄉間田野的錯覺。據説每年端午節晚上，這裏還有衆多的遊人漂放河燈，寄托願望——於是，成都因爲水而有了這樣的品性：閒適、寬容、奮進……。在成都，你的視覺、味覺、嗅覺、觸覺、聽覺，都會因爲水而得到妥貼的撫慰。也因爲有水，讓成都沒有哪一天"不宜出行"。你可以天熱到成都避暑，天冷到成都吃火鍋，不冷不熱的季節適合到成都喝茶。還可以，春天看桃花，夏天賞荷花，秋天聞桂花，冬天品梅花……

深夜，朋友駕車來到府南河的交界處，在淡淡的燈光映照下，可以看到河水在緩緩地流淌，波紋細密。府河、南河是環繞成都而過的兩條人工開鑿的河流。南河是李冰修都江堰時從岷江幹流上分流出來的一條支流，繞成都西、南，向東流去。府河則是從府城下經過的護城河。府南河不僅給成都平原帶來了繁榮的經濟，而且孕育了成都兩千多年的文明史。兩河在安順橋前相接，匯合之處，河面變寬。站在橋頭向南望去，河水遠逝，風煙無涯，如杜甫的詩句："錦江春色來天地，玉壘浮雲變古今。"據説成都市政府日前已決定，將府河、南河統稱爲"錦江"。這不但符合

合江亭之夜

夜幕下的府南河合江亭

了歷代詩文對錦江的指認，也符合民間口碑的傳說。白天的錦江也許太過嘈雜，但在夜裡，特別是當月光溫柔地撒在江水上面，這裡便是成都最具浪漫氣息的地方。

路的拓寬變綠，到府河、南河、沙河、清水河、金馬河、浣花溪一天天變清，成都這個古老的都市在書寫着她建都以來發展最爲迅速的一段歷史……。看着府南河那潺潺的流水，讓我想起

夜色蓉城

我們在江邊走着、聊着……我感嘆成都的變化太大了，朋友説：不要説你了，就是一個生長在成都，但又離開成都幾年的人回來，他都會完全找不到北。甚至那些一天也沒有離開過成都的，如果一段時間沒有出去走動，常會驚奇地發現，怎麼這裡會有一個新路？那裡又多了一棟大樓？成都就是這樣在每天變化着，從府南河工程，到五路一橋建設；從一條條道

一年前在巴黎塞納河邊的那個夜晚。同樣是六月，同樣是在一座城市最美麗的河邊，那些匠心獨具的雕塑是如此地相似，山石、奇樹、鮮花是那樣地熟悉，難怪聯合國將人居獎頒給了巴黎，也頒給了成都……。我們在微風中緩緩地行走，迎着低低沉沉的雲，月光時隱時現，灑落在深色的河面上，好像是凝結了太多的歷史，又像沉澱了過多的往事……在不知不覺中，竟

下起雨來，我們急忙閃進一家小茶館。要一杯淡淡的花茶，頭靠在窗櫺上，看着雨從眼前飄落，撫摸着玻璃上的道道水痕，彷彿思緒也被雨線拉長，隨着雨水飄向未知的遠方……這種感

4. 都是曬太陽，在海南一個小時就曬黑了，在成都你可以曬上一星期。

5. 邊喝茶邊掏耳朵是什麼感覺？耳根子癢，心裡卻美。

6. 在成都什麼事都可以勾兌，包

錦江河畔

覺彷彿回到前世的某個瞬間，讓我有一種幻覺，以爲這水已存留在這裡很多年，無法停止。忽然間，手機裡傳來一個短信——喜歡成都的理由：

1. 情調、邂逅、啤酒、靚女、老電影、PARTY——在成都，你一樣也不會缺。

2. 府南河是成都的腰帶，但流沙河不是成都的一條河。

3. 一毛錢能買什麼？在成都，能美美地吃上一支串串香。

括MM。

7. 在成都，你總有辦法用最少的錢，弄到最好的書和光碟。

8. 跟成都人爭執不要怕，他們絕不會動手。

9. 去了成都才知結婚太早，漫步街頭，滿街美女！

10. 愛成都需要理由嗎？你只要待幾天就知道了？

……

### 都江堰

　　位於距離成都56公里處的岷江上，是世界上現存年代最久並還在使用的水利工程。屬於世界文化遺產，二千二百多年來，一直發揮着巨大作用。主要由魚嘴堤、寶瓶口和飛沙堰溢洪道三大工程組成。

　　網址：www.dujangyan.org

　　電話：028－87120836

### 交通

　　成都火車站和西門車站每天有發往都江堰的專線車，行程約一個半小時。

### 住宿

　　國堰賓館

　　城北觀景路中段

　　電話：028－87146666

　　金葉賓館

　　城北觀景路下段

　　電話：028－87119999

### 飲食

　　任氏手工藝雜糖和紅梅是有名的特產小吃。

## 青城山

青城山位於都江堰市南，距成都60多公里，是中國道教發源地之一，也是世界文化遺產重點風景名勝區。全山樹木蔥茂，鳴泉飛瀑，峰巒疊翠，狀若城廓，故稱 "青城"。共有三十六峰，主峰海拔一千六百多米，沿石級盤旋而上，可看宮觀三十八處，景緻秀美，幽意襲人。

網址：www.qcs.cn

電話：028-87218228

## 交通

新南門汽車站有至青城前山的專線車，火車站和茶店子車站每天也有旅遊專線車。

## 住宿

上清宮、天師洞等道觀都可借宿，價格很便宜，雙人間一般25元/間。

## 飲食

特別推薦青城山的苦丁茶、白果燉雞、老臘肉、洞天乳酒和道家泡菜。

觀錦江的地方：
萬里號郵輪

　　"萬里號郵輪"是萬里橋邊新建的一座船形建築，緊鄰錦江，它的頂樓是一個露天茶館。最好在下午四五點鐘去喝下午茶，選擇一個靠河邊的座位，要一杯"青山綠水"，慢慢品。此時有夕陽掛在天空，西邊的雲彩都變紅了，往下俯瞰，明亮的錦江分外嫵媚。因爲地勢高，所以看得遠，錦江如一道曲線，消失在遠處林立的高樓之間。因爲是"郵輪"，你還可以看到"桅杆"。順着錦江流去的方向往前看，真有點蕩舟水上，對茶當歌的味道。

　　當夜幕降臨時，不妨要幾瓶啤酒，來一碟燒烤，然後在半醉的狀態下看夜色裏更加柔媚的錦江。此時河燈亮了，車燈亮了，街燈亮了，高樓裏的燈也亮了。河燈還會變色，由紅到藍再變紫，迷離變幻。

　　地址：成都市漿洗街29號

　　電話：028－85588833

## 河心茶莊

在望江公園對岸，河濱印象居民小區旁邊，是一個半島狀露天茶館。茶館所在的三角形地正好插進錦江，把錦江一分為二，河心茶莊就在這三角形的前端。三邊都是水，所以很清涼。如果在河心茶莊的最前端，迎風站立，滾滾錦江就奔來眼底了。

地址：成都市錦江區河心村三組

電話：028-87763507

# 一座風情萬種的城市

城市

QING

G DE CHENGSHI

這座城市的性格，像霧一樣充滿了迷離而又柔情萬種……

中國古代史學家司馬遷在《史記》中將成都形容爲：「絕殊離俗，姣冶嫻都。」因爲，成都的魅力，並不完全歸功於它那悠久而燦爛的歷史，也不是因爲它那飛速發展的現代化城市建設。它最爲吸引人的，是一個你所看不見摸不著卻又深有感觸的東西，是那種散佈在大街小巷、古廟新樓中，瀰漫在夜雨和空氣裏的一種閒適浪漫的風情。它造就了今日的成都和成都人的生活方式，他們在泡茶館、擺龍門陣中追求時尚，在保留古典文粹的基礎上追求繁華，在纖柔細膩的蜀繡織錦裏追求浪漫，讓人很自然很坦然地沉醉其中，變成一種不能自拔的感覺。

　　「那是什麼？」丹尼的一聲驚叫，把我從思緒中喊醒，只見我們的車從一座寫有「琴臺故徑」的高大牌坊下穿過，牌坊內一輛氣派非凡的銅馬車吸引了丹尼的目光，但見駿馬揚蹄，車輪滾

成都琴臺路夜景

滾，面色冷峻的朝廷重臣手把頂蓋。我由於事先功課準備得好，知道我們現在到了成都著名的琴臺路。於是笑着說，這是一個很古老的故事，那個人叫司馬相如。相傳西漢年間，窮秀才司馬相如遇到一位年輕守寡但會彈琴賦詩的富家女卓文君，立刻被其美貌和才氣所吸引，彈出"鳳求凰"的曲子，彼此產生愛慕。後來卓文君不顧家庭和社會的重重壓力，和司馬相如私奔至成都，當壚賣酒，鼓琴相夫。司馬相如因一篇文章《子虛賦》被皇帝看上，招去做了京官，五年未歸家，給仍在成都年老色衰的卓文君寫了一封無字信，欲納小妾。卓文君在傷心之中寫了首傷心欲絕的詩詞，司馬相如讀後羞愧萬分，終於用高車駟馬，親自登門接走"糟糠"之妻卓文君，演繹出千古傳誦的愛情佳話。這馬車雕塑就是這個浪漫故事的一種演繹。

雕塑兩邊則是一條長長的明清仿古建築，特別是那些屋簷下的宮燈，變化無常，有白肚方形、暗紅菱形和大圓球狀等極具個性的燈，紛紛掛在沿街的門面上，襯托着飛簷吊樑的輪廓，使整個建築群金碧輝煌，把人們帶入古韻悠悠的年代。特別是在兩

古琴臺

側人行道和車行道的交界處，有一條橫貫整條街道的漢畫磚帶。我們隨磚前行，宴飲、歌舞、弋射、車馬出巡等2000多年前漢代人的社會現實和理想天堂復活在我們的視線中。據陪我

在古香古色的街道，回想着流傳至今的歷史典故，心中多了不少感慨：成都真是一座包容的城市，它不但讓司馬相如和卓文君這對爲當時的社會倫理所不容的私奔男女，堂而皇之地在

琴臺路一景

們的朋友説，這條磚帶由十六萬塊天然青石磚鋪築而成，是目前世界上最長的磚畫。

我到過這世界上很多城市，每個城市都有着自己獨特的文化和建築理念，很難輕易地評定哪些地方好哪些地方不好。但在我看來，文化是需要經營的，而這種對文化的經營在成都已經到了出神入化的地步……漫步

大庭廣衆之下開起了夫妻店，而且還爲他們建起了琴臺和園林。駟馬橋、琴臺路、文君街、相如坊……還有許多用這個故事命名的街道，從這裏我驚訝地發現，成都自古以來竟是一個浪漫而開放的都市。行至街尾處，一眼望見司馬相如與卓文君彈箏起舞的雕塑，"鳳兮鳳兮歸故鄉，遨遊四海求其凰。"一曲"鳳求凰"，曾讓多少

美麗多才的女子芳心浮動，並痴了多少看客……

成都自古就是個移民城市，容納四海可以被認爲是這個城市的特徵，只要你在這裏生存過，努力過，不管你是不是成都人，它都會伸出溫暖的臂膀接受你。事實上，歷史上很多被成都人建廟立祠的文賦大家，均非蜀人；目前在成都的大多數有實力的企業家，也不都是成都土生土長的。但成都照樣把他們看成是屬於這座城市的驕傲。成都金山軟件公司的高總請我喝茶時說：成都是我到過的城市中，最不排外的一個，成都周邊優美的環境，適合居住的氣氛，還有成都人的熱情，是我死心留在成都的原因之一。有人説得好：你在北京待上十年，你依然是外地人，但你在成都只需待上兩個月，你便可以以成都人自居了。

intel登陸成都

他説金山公司之所以選擇成都作爲其網路遊戲軟件的研發中心，説起來可以寫成一個故事：金山公司原計劃是將這個中心建在深圳，在尋找相關人才時，發現有一批遊戲軟件的從業高手在成都，本來金山想用高薪吸引他們到深圳去，没想到他們卻不想離開成都。當金山公司把目光投向成都時，受到成都市政府和成都網民的高度重視，令他們非常感動。高總說，我們真是被成都市領導的三顧茅廬的熱誠和迷人的個人魅力所感染，在中國的城市中，成都市的領導層是少有的高學歷的精英團隊，他們不但爲成都打造了一個良好的投資環境，而且還承襲和發揚了成都海納百川的傳統的包容性格。

成都人這種對高科技產品的追捧和良好的投資環境，讓世界500強企業中，已有上百家在成都投資設廠或建立了分支機構，如摩托羅拉、豐田、索尼、微軟等。據説當年英特爾公司將投資數億美元的芯片封裝項目落户成都，只是緣於英特爾公司兩位部門經理2001年的一次旅行。這次例行考察的後果是一個由成都市長李春城帶隊的團隊直飛美國矽谷，將《成都投資比較分析》和成都的熱情直呈英特爾總部。這種"成都式的快速反應"令英特

成都高新區

爾公司高層十分震動，當英特爾CEO貝瑞特身臨成都時，面對成都"電腦一條街"上數萬隻對他揮動着的手，這種震動已經化成一種感動……。一個世界頂級的企業總裁接連兩次到一個中國的西部城市，英特爾公司在成都的投資，很快就被華爾街的分析師們確認是不可逆轉的定局。"選擇成都等於選擇成功"，這是已在成都投資的投資者們流行的口頭禪。

我在網上算是老人了，自1988年上網以來，不但寫下了數百萬字的東西，還贏得了一個網路"爺爺"的虛名，並被寫進了幾乎所有關於中文網路歷史的學術著作和野史。自以為對網路的一切瞭如指掌的我，面對這兩年突如其來的網路遊戲，對從丹尼口中說出的一串名字：《魔獸爭霸》《傳奇》《古墓麗影》《盟軍敢死隊》《冠軍足球經理》……竟有些不知所以然。在成都數字娛

樂產業基地，我看到的是一片生機勃勃的景象，所有的從業人員都是那麼年輕和富有朝氣，特別是那良好的工作環境和勇於創新的研發氛圍，讓我相信網路遊戲一定會給成都的數字娛樂產業帶來巨大的機會。因爲隨着新技術和相關產業的發展和應用，人們將把生命中更多的時間用於休閒，而中國的人口結構和經濟發展的狀況，注定將成爲全球休閒產品最大的消費市場之一。這就意味着商機和機遇，在任天堂、索尼等美日企業一統電視和電腦遊戲市場的今天，在這個互聯網的時代，網路遊戲將成爲幫助中國的企業，幫助中國撬開21世紀數字娛樂產業乃至主流經濟大門的一把利劍。而在這扇大門後面，面對人們的休閒饑渴，成都數字娛樂產業的魅力將驚艷於世。

據説成都是網路遊戲玩家最多的地方，成都人甚至認爲在華爾街上市的盛大網路遊戲公司之所以這麼火，應該歸功於當年那款《傳奇》網路遊戲是在成都首先得到玩家的追捧而紅起來的。

數字娛樂產業

因為成都是全中國最會享樂的地方，三千年的歷史，文人雅士輩出，繡幌佳人匯聚，不但有豐富的人文綠洲：都江堰，青城山，三星堆，武侯祠，杜甫草堂，文殊院。還有高度發達不斷創新的服務業：川菜，川酒，川茶，川戲……，人們不論貧富，在事業成功的追求中更渴求生活舒適的夢想。成都人在其平實悠然的外表之下，難掩其深藏的激情和靈性，特別是成都男人，總是喜歡三五成群、呼朋喚友，很容易讓南來北往的人產生好感並融入其中。成都男人看上去大都很幸福，他們穿着整齊，臉上總是紅光滿面，他們不像北方男人那樣武斷，也不像南方男人那樣敏感。該繃起提勁的時候絕不示弱，至於回家耙下來，那也是紳士風度。俗話說：一方水土養育一方人，在四面的崇山竣嶺抵擋住北方冷空氣下移，創造了成都女人細皮嫩肉的同時，也造化出了成都男人盆地外面男人們所沒有的閒散。

有一次我到賓館對面的一家小飯店去吃早點，雖然只有四

成都茶園一角

成都大慈寺內的茶館

五張桌椅，但乾乾淨淨的，賣的甜豆花很好吃。我被告知必須要在八點之前吃完，稍微晚一點，店就會打烊了。店老板是個四十來歲的中年人，有客人要求老板賣些油條豆漿，老板只笑一笑，都懶得回答。我好奇地問老板：你為什麼不多賣些東西？他說他現在就賣這些豆花，就可以生活得很好了，八點一過，他就要去喝茶、打麻將、擺龍門陣，他覺得這樣的生活很舒服。我驚訝地瞪大眼睛，第一次聽說有人有錢不賺，寧可去喝茶打麻將。這就是很多成都男人的行事方式。在成都，舒適永遠是第一位的，你只要上街走一走，從府南河邊到文殊院，從昭覺寺到青羊宮，大街小巷，無不坐滿了手執一杯清茶，或打麻將，或侃大山的成都男人。成都男人大都文質彬彬，身材纖瘦，長得雖不是帥氣逼人，卻也清秀文雅，給人一種平和的感覺。一杯茶，一張報紙，一二好友，就能在茶館裏待上大半天，快樂而知足。成都男人看報紙，

昭覺寺──西蜀第一禪林

秋色青城

是從報頭看到報尾，可謂一字不漏。這成就了成都的報業在中國
與廣州、北京並駕齊驅。在北京，時間是機遇；在上海，時間是
時尚；在廣州，時間是金錢；在成都，時間是生活。歷史古跡、
自然風光、溫和氣候構成這個城市的亮點。在街頭，在小巷，在
茶館，成都男人的生活態度真實地反映出這座城市的本質。有一
次坐出租車，前面一輛奧托車後窗貼着一句話："長大了，就是
卡迪拉克"，我笑着拿起座位上一張過期的《成都日報》，上面有
一篇文章説嫁給成都男人有六大理由：

溫柔——成都男人溫柔得就似成都的氣候，濕潤而溫和。

幽默——成都男人很幽默!無論正式與非正式場合，永遠有
講不完的"龍門陣"!從天吹到地，從北侃到南，成都男人永遠
有衝不完的"殼子"。

忠實——成都男人最忠實!如果你是他的女人，只要你説去
逛商場，他們無論多忙，都會心甘情願陪着你。

豪爽——成都男人豪爽! 有話就説從不隱藏於心、甚至也
不做小人似的下冷手、開黑槍、下套設防、陰倒整。

敬業──成都男人很敬業!整天忙碌在外打拼着自己的事業。掙錢決不是爲了自己享受,而是回家後如數交給自己的女人!

烹調──成都男人很會烹調!作爲成都男人的妻子,你永遠不會爲今天吃啥怎麼吃而擔心的。

對女人來說,成都男人好似川菜,麻辣鮮香味味俱全,讓女人吃着有味,聞着特香。成都男人又像蜀地特有的蓋碗茶,不張不揚,不慍不火,不疾不徐,嚐起來濃濃的苦,想起來淡淡的香,喜怒哀樂隨裊裊茶香慢慢蒸發。他們喜歡循規蹈矩地生活,上班、下班、菜市場、茶館、回家,有滋有味,其樂融融。他們喜歡擺龍門陣,而且這龍門陣的内容五花八門無奇不有:"既有遠古八荒滿漢秘聞逸事古香古色的老龍門陣,也有近在眼前出自身邊頂現代頂鮮活的新龍門陣;有鄉土情濃地方色重如同葉子煙吧嗒出來的土龍門陣,也有光怪陸離神奇萬般充滿咖啡味的洋龍門陣;有正經八百意味深沉莊重嚴肅的素龍門陣,也有嬉皮笑臉怪話連篇帶點黄色的葷龍門陣。"一坐下來就神聊海嘯,走到哪兒就吃到哪兒說到哪兒。成都這地方得天獨厚,物產豐富,是個好過日子的地方,故而成都男人也特講究享受。如果說吃在成都是一種享受,那麼擺龍門陣也是一種閒情逸致。前者是口福,後者爲耳福。

李伯清説書

　　成都有一個被稱之爲“李老師”的説書人(Talk Show) 李伯清。無論是開出租的、蹬三輪的、賣菜的，還是公務員、外企白領、公司老板，很多人都被李伯清的“散打”所迷倒。散打是一種評書，它是在四川傳統評書基礎上發展而成，幽默詼諧，抨擊嘲笑生活裏的方方面面。這李伯清身爲成都男人，自然對成都男人的“散打”惟妙惟肖。更奇怪的是，這李老師把成都男人挖苦諷刺個够，卻在成都大紅大紫，街頭巷尾，人們聽他的評書，聽到捧腹，聽到着迷。聽完了就罵，罵完了還想聽。没錢的買一盤盜版光盤，有錢的從錦江劇場追到錦城藝術宫。對成都人而言，李伯清和串串香、冷啖杯、小麻將一樣，上癮……。

　　一位從美國來成都工作多年的朋友説，表面的成都是慢悠悠的，每個人的臉上帶着對生活寬慰的態度。於是，成都便有了天下聞名的美食，有了代表獨特城市文化的麻將館和茶館；有了如出水芙蓉一般秀麗的風情女子，更有了植根於每一個人心中對生活的那份從容。很多人把成都説成是最休閒的城市，其實掩藏在表面下的成都是一個非常富有激情的城市：成都人在全國第一個發行了股票、第一個重新開了當鋪……，這個城市出現過最多的前衛畫家和先鋒詩人，具有開放、另類和標新立異的城市特徵。如果把成都人歸類，你可以發現兩種截然不同的面貌：忙碌的成都人和閒適的成都人。這種忙碌和閒適的對立，是因爲外人看到的都是一些片段。當把這些片段拼合在一起時，你會發現此時忙碌的正是彼時躺在竹椅上悠閒的那個人。成都人喜歡在忙碌之後求得一個閒適，知足常樂是成都人的終極追求。他們常常在勞累忙碌之後端起茶杯，用散淡的目光看這浮世煙雲。但這絲毫不影響他們重情誼，有血性……

　　成都是數千年巴蜀文化的凝聚點，從過去到現在，成都也是一個盛産詩人的沃土，成都的浪漫就是在這種高層次的文化積澱中瀰漫出來的。成都這座城市的特點是：山水造就了地域，地域決定了人群，從而爲生於斯安於斯的人群打造了自有的特性。古語有“少不入川”之説，除了怕被成都舒適的生活態度磨平了少年宏圖大志之外，更重要的是怕少年入川難過美人之關。我曾走過不少地方，南國佳麗北地胭脂，識見甚多，但到過成都後，才發現成都的美女真可用"如雲"二字來形容。走在成都街頭，穿着時髦的女人隨處可見，到處是黑色或粉紅色黛絲的飄動，尤其是在春熙路和總府路，更是美女雲集。成都女人個頭不高，骨

石象湖的鬱金香

肉勻稱，略圓的臉型，有光潔的皮膚和明亮的眼睛，大都在一米六二、六三左右，在一百斤上下的樣子，面如芙蓉，唇如榴花，膚似白玉，用當地一位作家的話來説，是"整個身材勻稱得讓人不忍心將視線離開"。她們雖有亮麗的長髮卻不用來遮臉，隨時隨地對人笑容燦爛、和藹可親。穿起衣服來時尚得體，讓人賞心悦目。她們時常肩挎精緻的坤包，夢一樣地走過大街小巷，夢一樣地微啓朱唇，夢一樣地眨着水靈靈的眼睛……給你一種畫一樣的感覺。看着她們結伴從身邊走過，總會覺得快樂是一件那麼容易實現的事情。據説成都美女們夏天最愛去的是都江堰，在沿河的某處露天茶館擺開陣式，要一扎德國黑啤酒，就着腰果或泡菜

喝得兩眼迷茫。

許多外國的遊客，到成都來的一個主要的旅遊項目，就是飽眼福。而飽眼福的內容有三：一是欣賞成都及周邊的風景名勝，如峨眉山和九寨溝

上妖冶，會打扮，愛吃，會說，敢表現，使女人顯出了品位和格調。成都女人的性格直爽、潑辣，一種酷酷的表情始終掛在臉上，但都很嬌媚，是那種被辣椒油覆蓋的蜜糖。她們的聲

成都美女

之類；二是觀名小吃，如夫妻肺片、麻婆豆腐和擔擔麵之類；其三便是看美女。美景可以賞心悅目，美食則可觀可食，但真正讓外地人眼球轉不過來的，則是成都的美女。心理學家認爲，看美女同聽悠美的音樂效果是一樣的，可以延年益壽，因爲一切美的感覺都會促進身心的健康。

成都女人漂亮首先在皮膚，她們面容姣好，皮膚細膩，有如瓷器，加

音有一種韻味，柔得如春風拂楊柳。特別是那種欲語還笑的模樣，帶着點兒酷，帶着點兒甜，帶着點兒炫，帶着點兒壞，帶着點兒天真與率性，帶着點兒自信浪漫，帶着點兒善解人意，帶着歡樂與激情，帶着豪氣與俠氣，帶着優雅與時尚，帶着溫良與憨態，可謂鍾靈毓秀。成都女人的美是骨子裏的美，她們嬌柔卻又陽剛，表面看上去像水，骨子裏卻極仗義。她們能

"上得廳堂，下得廚房"，她們遇事泰然若定，精明幹練……杜甫詩曰：萬里橋西一草堂，百花潭水即滄浪。風含翠筱娟娟淨，雨裹紅蕖冉冉香。成都美女就出在這柔美的水邊。其實，成都的女人如同這座擁有兩千多年歷史的城市一樣，古老與現代相互吸收、傳統與時尚相互包容，就像成都的霧一樣充滿了迷離而又萬種柔情。

中國出版了一本《中國"美女"地圖》，專門描述了中國幾個大城市和美女之間的關聯關係，提出"美女城市化"的論點，並用數字指數的形式對全國衆多城市的美女做了剖析。成都女人首當其位，排在了第一位。

成都女人猶如四川特有的蓋碗茶一樣、熱氣騰騰、幽香撲鼻，需要細細地品味才能品出其幽雅、清靜、和諧、浪漫的特質。成都人把女人叫做"粉子"，是形容女人的皮膚細膩光滑柔軟，跟粉子(一種糯米粉做成的小吃)有共通之處。因此一般只有漂亮女人才有資格稱"粉子"，對漂亮女人的讚美依次可以爲：小粉、中粉、巨粉。"每一年春天，成都依然草木葳蕤正像我們熱烈思慕的成都粉子，她的白天美麗，她的夜晚濕潤……"在中國引發了幾十萬人點擊的網路小説《成都粉子》，對粉子作了很浪漫的解讀。成都滿街目不暇接的美女，真好像紅粉無數從天上紛紛揚揚地飄灑

而下，落在這座歷史悠久的城市裏。成都“粉子”之多，之普遍，是外地人想像不到的，也是本地人見慣不驚的。成都有那麼多的河流，有無盡的雨水，所以成都女孩都長得水靈靈的，用成都話說，就是水色好。

　　成都美女比北京美女嬌巧，比上海美女豐腴，比江南美女熱辣，比重慶美女溫柔。具有北京女人的智慧，上海女人的情調，武漢女人的精明。隨便在哪個臨街的茶館坐下來，打望街上那流動的美麗，你都會生出恍若隔世的感覺。如今“粉子”這個詞已經進入北京，連中國的一個著名電

蝶戀花

影導演馮小剛也在他的《把青春獻給你》一書中，稱自己的老婆是“去污粉”。人是地理環境、歷史文化和風俗習慣的結晶。一個地方的女人永遠是這個地方的名片和鏡子，她們勃興着這個地方男人們的夢幻，她們展示着這個地方的文化內核，她們昭示着這個地方的未來。她們是這個地方的發動機。

　　有人說，四川是中國最大的盆地，成都是盆地中最大的花盆，而成都女人就是這個花盆裏的花朵。在這個花盆裏，有四千多年的歷史作爲底肥，有千古岷江水的澆灌，還有未來之光的照耀，怎麼能不開出最美的奇葩？每次當我們的座車走在路上時，我常常打望着在街兩邊那些已經相互交錯的高大梧桐下，舉着紅黃藍綠的陽傘婷婷地走過的女子，總能發現那回眸一笑的驚艷。成都女人大都嬌小玲瓏，塗脂抹粉的不多，但扮得很精緻，大學女生看起來像高中生，高中生看起來像初中生，看起來總比實際年齡小一些。她們說話細聲細氣，裊裊娜娜，幾千年來的地理環境鑄就了溫文爾雅的成都美眉，柔美可人，溫婉怡人，很有女人味，像一杯純色紅葡萄酒，愈飲愈醇，令人心動……

　　成都話屬於漢語北方方言西南官話的一個分支，語音和普通話有些差異，它只有舌尖前音，沒有舌尖後音，N與L不分。成都話説起來比普通話調門偏低，拐彎抹角，繞在成都女孩的舌間上有一種鬆鬆軟軟、甜而不膩的味道。"到了北京才知道自己官兒太小，到了廣東才知道自己鈔票太少，到了海南才知道自己身體不好，到了成都才知道自己結婚太早"。這段順口溜，從一個側面道出了成都女人的漂亮、聰穎、優雅、溫柔。其實，成都女人最值得稱道的還是她們那充滿表現欲的靈性與自信。在街頭，你時常可以發現衣着時尚的成都美眉，手上拿着串串香，邊吃邊走，旁若無人，吃完了把嘴一擦，然後掏出小鏡子，當街補妝，三五分鐘後，又變成了一位淑女。她們喜歡追趕新潮，喜歡新式的服裝，新款的汽車，新式的吃法……朋友説，外地人可能絕少了解成都實際上是一座對女性而言頗爲開放和自由的城市。在一般家庭中，很多是男主内，女主外，燒菜煮飯，大多是男士們包攬，所以成都女人在外活動的空間較大，自然也就形成了今天成都美眉的自由和灑脱，並激發出她們自我發展的獨立和自信。

　　進入新世紀以來，成都美眉常有驚人之舉，各種以成都美眉爲主體名目繁多的電視賽、選拔賽等，如"超級女聲"，場面都異常火爆。成都美眉的表現欲得到了這個時代的最佳反饋，成都美眉的靚麗、時尚大有風氣導向的弄潮之勢。一份廣東的雜誌説成都美女有十大優點：一、很會打扮，二、很會過日子，三、十分熱情，四、會幹事業，五、會調教男人，六、會教育子女，七、有情調，八、能吃苦，九、孝順父母，十、很會扮嫩。其實，成都女人如同這座擁有兩千多年歷史的城市一樣，古老與現代相互吸收，傳統與時尚相互交融，就像成都的雨一樣充滿了迷離而又柔情萬分……

　　中國人有句話：依山出俊男，臨水出美女。成都有那麼多的河流，雨水多而晴天少，所以女孩都長得水靈靈的。隨便找個臨街的茶館坐下來，放眼望去，那些樸實或張揚的美麗，滿街都是。如果説成都是一座浸泡在水中的城市，那麼成都的女人就是水做的。成都女孩不但柔情似水，連説話都珠圓玉潤，軟得可以化渣。既便是在吵架，只聽字音不管字義簡直就是在唱歌。當然，再柔軟的水也有結冰的時候，所以成都女孩的另一大特徵是"辣"，成都女孩被稱爲"辣妹子"，她們最喜歡吃的是又麻又辣又燙的食物。在成都，男人怕老婆既不是秘密也不丟人，不久前成都媒體還舉辦過一個比賽，評選最怕老婆的人，參賽者衆。

在成都，美女和美食一般是相生相伴的。看一個餐館食客當中美女衆多，那味道一定不錯，成都女孩就是成都美食的指路牌。她們可以在知名酒樓正襟危坐品嘗製作考究的川菜，可以在路邊小店香汗淋灕狂吃煙薰火燎的燒烤，甚至可以在某條偏街陋巷神情專注大啖農家風味的小吃……她們享受成都的同時裝扮了成都。

據當地的朋友説，在成都看美女用當地的話叫"打望"，是遠遠觀看的意思，即不曖昧，也不褻瀆。他建議對成都還不太熟悉的先到春熙路和紅星路一帶，去青青茶樓、良木緣咖啡或印象大書房，它們都在二樓，有打望的最佳視角。找個臨街的位子坐下來，要一杯茶或者咖啡，慢慢地喝，慢慢地打望。透過落地窗，美女就像電影一樣映入眼簾，有的時候，你的鄰桌，或許就有幾位絕色佳人。在領事館路、科華北

路、琴臺路、雙楠小區，更適合以走街的方式打望。在你逛街、逛店的同時，你會發現那麼多的美女，或艷麗奔放或柔弱婉約，在各品牌店、精品屋裏進進出出，與你擦肩而過，連空氣中都流淌着脂粉的味道。其實，不僅僅是客人，不少店主本身就是美女，爲了多和她説説話，你可以和她反覆討論款式、質地、做工、價格。但不可以惹煩了她，成都美女溫柔的背後是麻辣，不可輕易得罪。只有與她們混熟之後，你才會發現，她們辣得有鹽有味。

熟悉古典音樂的人都知道，約翰·斯特勞斯有一首膾炙人口的圓舞曲叫《美酒、音樂、女人》。用這首曲名來描繪成都，是再恰當不過的了，因爲美食、美景、美女這三大主題，已經逐步成爲成都二十一世紀新的經濟增長點，也是成都最吸引全球遊客眼球的亮點。

關於成都美麗的女人之多，不來一次成都，是根本無法體會的。成都女人之美麗，不似香氣撲鼻的百合，也不似案頭嬌嫩的水仙。她們就像花攤上那普通的一朵朵帶露的玫瑰，無論在陽光燦爛的日子，還是星光伴月的夜晚，無論是鬱鬱蔥蔥的春天還是霧濛濛的冬日，無不散發着沁人

石象湖

心脾的浪漫和芳香。或是像亭亭玉立在古老方桌上那一盞盞蘊藏
着淡淡花香的茉莉花茶，需要我們靜下心來，用整個身心去嗅味
瀰散着健康自由的茶香，去領悟沉浸在平淡生活中的那一份美好。
成都女人的温柔就像流經這座城市的錦江水一樣，婀娜綿遠，在
不張揚中緩緩注入了這座城市的血脈，滋潤了男人們的心田。

　　其實，成都的女人如同這座擁有兩千多年歷史的城市風情
一樣，古老與現代相互吸收、傳統與時尚相互包容，就像成都的
霧一樣充滿了迷離而又柔情萬種。讓生活在這座麗人成行的城市
裏，日夜穿行在洋溢着美麗動感和青春活力的世界中的男人們，
賞心而又悦目，永遠不知疲倦……

# Tips

### 《金沙》歌舞劇

　　充滿淳樸古風與現代奇思妙想的服裝、精美的面具和多彩的背景圖案，來自出土的金器、玉器、銅器、石器、象牙器、陶器的各種造型……用一個跨越三千年的愛情糾葛爲線索，展現了男女主角金和沙之間淒美永恆的愛情故事，將觀衆帶到三千年的歷史長河中，去感受、體驗三千年前原始、神秘的祭祀儀式，二千年前的古蜀戰爭，雷鳴電閃、金戈鐵馬和宛若天籟的二十四伎樂，場面壯觀，震撼視覺體驗，堪稱中國最大製作音樂劇。

　　地址：成都市水碾河路48號

　　電話：028-84456688

　　時間：每晚8:00－10:00

### 川劇

　　川戲鑼鼓在川劇音樂中起着舉足輕重的作用。常用的小鼓、堂鼓、大鑼、大鈸、小鑼，加上弦樂、嗩吶爲六方，由小鼓指揮。川劇表演具有深厚的現實主義傳統，形成了獨特而完美的表演程式，真實細膩，幽默風趣，生活氣息濃郁。其中的不少絕技，如托舉、開慧眼、變臉、鑽火圈、藏刀等，使其舞臺呈現多彩而神秘且富於變換。成都最富盛名的演出地點有：

　　地址：成都武侯祠大戲臺

　　時間：每晚8:00－10:00

## 紫 堡

　　一座建在小山上、並用紫紅色的岩石砌出來的房子，門口掛着一塊牌子：四川彩墨畫研究院，實際上是一個邱姓畫家的私家別墅。進院門後，通往紫堡有兩條路。一條是幾十步石階，另一條是"鐵路"。後者爲客人首選，坐上"火車廂"，啓動電源，一小會兒就到了。這條"鐵路"只有起點和終點兩個站，可能是世界上最短的鐵路；起點低，終點高，也可能是世界上傾斜角度最大的鐵路。鐵路在竹樹叢中穿過，很是愜意。綠色的爬山虎試圖蓋住紫色的外牆。園子裏很是別緻，有荷花池，有菜園，有亭榭，還有人造的溪流瀑布。多有題刻，亦莊亦諧。一個亭子裏放了一張石凳，畫家爲其命名爲"冷板凳"、以紀念辛酸往事。畫室在三樓，叫"九月間"。作品陳列室掛着許多畫，牆上還掛有畫家與許多名人的合影照片。

　　地址：成都龍泉驛區龍泉公園旁

## 菱 窠

　　菱窠是成都名作家李吉人的故居。菱窠很小，建築很簡單，只有一座兩層的樓房，一個水塘，幾棵古樹。李的漢白玉半身雕像神采奕奕，雕像後刻寫：巴蜀天府，一代文哲。一樓是先生和家人的起居室，二樓是先生的生平介紹及作品陳列，他的作品近於自然主義，文學評論界稱他是"中國的左拉"。其最著名的作品是：《死水微瀾》《暴風雨前》《大波》，用成都方言寫作，真實記錄了成都地區生活百態。由中國大陸、中國香港、中國臺灣、新加坡、美國等專家評出的"20世紀中文小說100強"，《死水微瀾》名列第17。

　　地址：成都市錦江區外東沙河堡

　　電話：028-84674112

### 劉氏莊園

　　爲中國近現代社會的重要史跡和代表性建築之一，有南北相望的兩大建築群，占地約7萬餘平方米，建築面積達2萬餘平方米，建築時期爲清末民初。現有文物，藏品2萬餘件，規模龐大，保存完好的莊園建築群，及莊園遺存的大量實物和文獻資料，加上獨具特色的莊園陳列，構成了一個有機整體，是舊中國農村的一個縮影，也是中國社會發展史的一個斷面。雕塑"收租院"聞名遐邇。

交通：成都的新南門汽車站有直達景區的班車。

地址：成都大邑縣安仁鎮

電話：028-88315113

### 成都烏木藝術博物館

　　中國民間有説法：家有烏木一方，勝得珠寶一箱。烏木是數千年前大自然的災難偶然地使許多樹木沉埋於古河床中而形成。烏木質地堅硬，色澤分黃褐、灰褐、青黑等，切面光滑，但表面卻斑駁陸離，凹凸不平。這種木頭只有成都平原才有。從前鄉人偶爾可以在枯水季節發現造型奇特的木頭，有好奇者用來做成日常用具，如象棋、筆筒等。

地址：成都金泉路金牛賓館對面

### 老成都民俗公園

位於成都人民南路立交橋下，外地遊客如乘飛機
到成都，人南立交橋是進城的必經之地。建議在傍晚
時分到老成都民俗公園，夜幕低垂，燈光亮起，成都
老橋老街次第在眼前呈現。老街是一座座浮雕，老橋
是建在溪水上的微縮品。還有展現成都民俗的銅雕：
推雞公車、掏耳朵、轉糖畫、鋸木料、唱竹琴、滾鐵
環等，要是有興趣，可以坐在銅椅上，讓滿臉滄桑的

老人爲你"掏"一回耳朵。立交橋的柱子上，刻着描寫成都的名家詩句，
李白、杜甫、陸游、蘇軾。石碑上還刻了一幅成都老地圖，可以看出當年
的城區大小、河流走向，跟現在大不同了。看累了還可以坐在老成都茶館
裏喝茶，或者逛逛字畫文物商店。外地遊客了解老成都的民風民俗，老成
都民俗公園不可錯過。

地址：成都人民南路立交橋下

### 成都最具魅力的歷史文化景區：

杜甫草堂、武侯祠、青城山、都江堰、青羊宮、文殊院

### 最具魅力的茶館／咖啡廳：

順興老茶館、陝西會館茶坊、良木緣、三藝館

Tips

**最具魅力的自然景區**：
西嶺雪山、天臺山、石象湖

**最具魅力的特色街**：
春熙路、琴臺路、洛帶鎮老街、邛崍文君古街、雙流弘民美食城、都江堰市濱河路

**最具魅力的購物場所**：
成都國美、成都蘇寧、成都伊藤洋華堂、成百永樂、成都太平洋百貨

**最具魅力的健身場所**：
四川國際高爾夫俱樂部、龍泉陽光體育城、冠軍之夜、武侯區文體活動中心、6250俱樂部

**最具魅力的休閒場所：**

　　大衛營國際俱樂部、貝森休閒運動廣場、海蘭雲天、成都閒舍浴足、成都宏橋保健

**最具魅力的度假村／農家樂：**

　　青城山鶴翔山莊、南草坪、九峰山莊、銀榕園生態休閒中心、雍雅山房

**最具魅力的娛樂場所：**

　　單行道俱樂部、天籟村歌城、空瓶子

**最值得信賴的旅行社：**

　　四川省中國青年旅行社、四川康輝國際旅行社有限公司、成都中國旅行社有限公司

一座夜色美麗
一座夜色美麗的城市

城市

O YESE

DE CHENGSHI

酒吧是年輕人的第二客廳，滲透着城市脈絡的生活情緒……

合江亭音樂廣場

入夜，這個城市的燈光由遠而近地慢慢亮了起來，使它多了幾分曖昧，幾分溫情。霓虹燈下的空氣中浸泡着柔媚，就像酒後的女子，分外溫柔。白天的繁忙，白天裏目的明確軌跡清吧，你可以在家裏小酌低吟，縱酒狂歌，猜拳行令，觥籌交錯。去酒吧，或許只是因爲它的顏色，它那光與影交織皴染出的顏色。

酒吧的燈光設計永遠介於明亮與

豐富多彩的成都夜生活

晰程序井然的事情，被暫且擱置在一旁，留待明天。夜色揮之不去，拂之還來，對我們這些外來的遊客來說，最好的辦法，就是讓漫漫長夜，一點一滴消融在酒裏，把預算外的時光從容地揮霍。

可以去的地方很多，在成都這樣充滿休閒情調的城市裏，數以百計的酒吧吸引了不少喜歡夜生活的人。如果只是僅僅喜歡喝酒，大可不必去酒黑暗之間，酒吧的顏色因而有了過渡，有了層次。你不必去分辨光源色環境色固有色，亦或許它只是你輕醉微醺的眼睛裏才有的顏色。多數的酒吧呈現出溫馨的暖色調。橙黃、橘紅、咖啡色，桌上搖曳的燭光，手中明滅的煙頭，在各式穩定的光源中有了動感。讓迷離的眼光更加迷離，讓飄忽的腳步更加飄忽。

也有冷調的顏色，比如一抹深藍，

一縷銀白，如果再有香煙的絲絲青煙，憂傷的布魯斯響起，品一杯略帶苦澀的芝華士，可能連空氣裏都彌漫着傷感的味道。

倒在杯子裏的酒，掛在牆上的畫，

靈光乍現，用四分浪漫、三分別緻、二分藝術和一分矯揉造作，營造出亦真亦幻的場景。你盡可能期待一次美麗的邂逅，一次百感交集的別後重逢。

我把丹尼送到一個朋友家，他明

都不是它們本來的面目，跟你此時的心情一樣，在統一的底色上，各自模糊了邊界，隱藏了個性。你會發現，在酒吧，沒有哪兩種顏色難以調和。你同時會發現沒有哪一種顏色可以複製或重現，這便是你一次又一次走進同一個酒吧的原因。

城南和城西是酒吧集中的地方。玉林小區和人民南路四段號稱是成都的“三里屯”，酒吧主人絞盡腦汁之後

早要和朋友的孩子一起去遊樂園玩。回到旅館的時間正是夜遊人的好時光，於是我迎着風，踩着自己的影子，走近科華北路一個叫“怡都”的酒吧：很亮的霓虹燈招牌，很遠的就能注意到“相約在怡都”的廣告。一家看上去不錯的酒吧，整個風格偏於西化，特別是走入大廳時，這種感覺更強烈。四周的窗戶是西洋式的，下方上圓，用鐵花裝飾，點睛的是鐵花上的仿金

鍍的葉子，氣派不凡，燈鑲嵌在天花板裏，柔和而不突兀，在大
廳天花板上的一角和牆面連接處，居然也用鐵花裝飾了一番，絕
對不是畫蛇添足之舉，和大廳的風格很是統一協調。坐下來，吧
臺在右邊，挺長，酒櫃上擺着各種酒瓶，三三兩兩，倒也不擁擠。
暗淡的燈光讓我注意到天花板，錯落有致的層次很分明，燈光也
很別緻，透過別緻的格子把大廳暈得柔柔的，很舒服。在大廳最
裏面的區域，要略高一點，靠牆那一圈是鬆軟的布藝沙發，翠綠
的盆栽植物布於其間，在這兒也能很好地看到演出，舞臺就在大
廳的一端，兩張高腳低靠背的椅子，兩個麥克風，一個女歌手唱
着憂傷的歌，很認真也投入，她和泡吧族的女孩明顯不同，更有
別於吧臺邊帶着商業性職業化美麗的女子。

　　在曖昧的色彩、光線和音樂中，有人落寞地坐在角落裏，
有人高聲談笑，有人豪飲，有人抽煙，有人軟語溫存。在歌手那
輕而傷感的歌聲中，空氣裏的時間和桌子上的酒都在慢慢地消失。

只見酒保左手一個酒瓶，右手一個Tin(波士頓搖酒壺)，在忙着給客人表演着他的拿手好戲：在暗暗的燈光下，只見他高高地拋起一只酒瓶，酒瓶旋轉在空中急速地上升，急速地落下。他一個轉身同時手反抄背後，不銹鋼的Tin在身後反射着耀眼的銀光，"嘣"地清脆一響，酒瓶精準無誤墜入Tin中。面對酒客和美女們大聲地叫好和曖昧地微笑，他興奮地加劇了節奏：亮出精壯的手臂，一個大後拋，酒瓶飛身躍過頭頂劃出漂亮的弧線。伸手，瓶子落下，穩穩立於手臂，手臂一抬，瓶子跳至空中，再落下，如此反覆幾次。就在眨眼瞬間，一股暗金色的水柱從瓶口衝進杯中，無比妖冶。掌聲還未落下，空中忽然閃現四個酒瓶，錯落有致逐一升起、落下，無一落地。酒瓶下，面不改色，兩雙手動作奇快，直看得人眼花繚亂。

　　在商業與物欲彌漫的時代，成都的酒吧一開始就充滿着"任性""閒暇""邊緣"與"享樂"的氣氛。從省體育館和博物館附近的玉林東路進入，集中了成都最有個性或最有特點的時裝店、火鍋店、酒館、咖啡店、影像店等。而玉林西路則形成了風格各異的酒吧群落，它們分別聚集着以詩歌、電影、搖滾、美術、建築等爲中心的人群圈子。

　　夜晚，這個城市的歌手、晝伏夜出的美女、或者手握皺皺巴巴紙稿的詩人們，開始在玉林路上的"空瓶子""音樂房子"

“坐標”等酒吧裏進出，他們在暗暗的燈光下彼此傾訴或者喃喃自語。那些濃烈的啤酒、清淡的菊花茶或者漂洋過海的南美咖啡的氣味，與濃艷的夜妝、稀奇古怪的雜誌、歌手的尖叫，奇妙地混合在一起。

詩人們在這裏傳遞着文字，搖滾歌手在這裏交換着聲音，畫

家或雕塑家在這裏尋找着靈感，南來北往的藝術家或城市拜訪者在這裏“採氣”。這裏是一個圈子，爲着這個城市“無限多的少數人”而存在。同時，玉林也是內地人進入西藏途中離開世俗浮華生活的最後據點，那些滿懷謙卑要去攀涉高原屋脊的海外旅行者，在成都中轉的前夜，都要在背囊中拿出地圖，循着事先圈好的地點去玉林的酒吧坐坐，去聽聽這個城市濃重的口音。

毫無異義，酒吧是這個城市另類生活上演的重要場域，同時在某種意義上它又是中國內地城市與世界屋脊西藏之間隱秘的“中間地帶”，最徹底地體現着這個城市豐富而複雜的藝術生活與享樂形式。它有自己濃重的口音，獨特的色彩，悠閒的動作，以及讓人沉湎的美酒、美茶和美食。它是音樂的領域，是詩歌的社區，是藝術與商業互相發達的一張城市地圖。在這張地圖上，這些文化的、藝術的譜系在全球化的潮流中更加含混地併置在一起。實際上，你難以理解這個城市的天氣，卻無法不喜歡這裏的氛圍。

　　啤酒、藝術、愛情、生活在成都的酒吧裏，總是共時性地發生着，它是一個永遠離不開酒精和卡布奇諾的場域。在經過DISCO、黑潮、RAVE文化之後，酒吧在成都不僅没有没落，反而更受年輕人的寵愛。在美國領事館的對面矗立着一座醒目的紅色建築，它有一個氣氛濃烈的名字：“紅色年代”。這裏除了活動着一群本土DJ之外，還經常有世界各地的著名DJ來這裏演出，並不斷地製造着新式的快樂。“紅色年代”是成都最大的酒吧之一，牆壁上掛着大幅的毛澤東、列寧、魯迅等老革命家的畫像。每個晚上，他們都要被快節奏的電子音響震醒並搖晃着，無奈地看着他們的後代，實踐着他們“洋爲中用”的教導。

　　我是一個喜歡探究城市脈絡的行者，每到一個城市，總愛去看那的風景，讀那裏的歷史，嘗那裏的美食，泡那裏的酒吧……倒不一定是喜歡酒吧裏的熱鬧，但一個城市的酒吧和在那裏打發時光的民衆，往往很能説明滲透於這個城市脈絡間的生活情緒。我走進二環路南三段玉林生活廣場的一棟高樓裏，那是一家門口畫着一支空瓶子的酒吧，遠遠就看到一群年輕的生命在舞曲裏搖擺着……他們在酒香中找到自己，和朋友聊聊天也好，獨自感受孤獨也好，酒吧裏感到的那種巴適，就像是飛鳥在感受夜的温柔、夜的神秘。這是一個典型的青春聚會，我將自己定位爲觀察員，偵探一樣走了進去。這是一家大型的開放式酒吧，能容納數百人的空間被劃分爲不同的區域，瘋狂的音樂伴着歌舞。隨處

可見身材窈窕，裝束另類，妝容前衛的美麗女子倚窗獨坐，喝着紅酒，老練地吞吐着煙圈，神情落寞而孤傲。也有染着金髮的少男們在此狂飲沉醉，享受着偶爾的放縱，當然，也不乏三五結群的朋友，在白天拘束緊張的工作之餘，來酒吧回歸本性，尋找世俗掩蓋的自我。讓嘈雜的金屬音樂淹没大聲的喧鬧，讓迷離昏暗的光線屏蔽脆弱與孤獨，讓華彩流溢的紅酒掩飾青春寂寞的面孔。

在撲朔迷離中，品味夜色下另一種虛華泡沫的人生。

我喝着成都的特飲：芝華士加冰綠茶。本來是一款很烈的酒，勾兌一倍綠茶水，就有了一股成都的味道。你會在茶香中不知不覺地讓酒精悄然而入，很快會達到酒吧客所追求的最高的境界：微醉。我旁桌是一個自稱是這裏常客的人，他説他以前開過酒吧，他説他只有在吧臺上端上一杯酒，才覺得自己是醒着。多少年後的今天，他仍然清晰地記得少年時代從外國電影裏看到的酒吧，在那個物質生活和精神生活都極度貧乏的時代，他夢想着有朝一日自己也能悠悠閒閒地坐進酒吧，消磨幾個小時的美好時光。上世紀80年代中期，從人民南路、西禦街、玉林、紫荆小區，到半打、紅磨房、西部牛仔、三百六十度、小酒館、空瓶子、聲音、音樂房子、坐標、漂亮朋友，他泡了20年的酒吧。他說他最懷念1990年前後的半打，地點在人民南路岷山飯店旁邊，那時的半打有個會搞笑的人，有個拉手風琴的人留滿臉鬍子，有個彈吉他的歌手圍着長圍巾……他說音樂是酒吧的靈魂，沒有音樂，酒吧就沒有靈魂。

在一個叫"半打"的酒吧裏，我看到的幾乎就是一個成都白領的聚會，他們在門裏門外像魚一樣進出。這是一種典型的"小資(Petty Bourgeoisie)"酒吧，只要看他們的服裝和舉手投足就知道了：他們很懂得把握分寸，太酸的是先鋒、是前衛，一點也不酸的是老土、是粗俗；"微酸"則是恰到好處。我混在這群人裏，

感覺是最老的一個，我的T恤牛仔與那些正裝華裙相比，反而倒得有些另類，這讓我整晚深感不安。在這種場合裏，有兩點十分重要：第一，笑肌自始至終保持微微上提的姿態；第二，說英語，到吧臺去拿吃的時候，見人要點頭微笑，步子不能太大太快；要說"A glass of juice"或者"A glass of whiskey"，實在急了，摻雜一點成都話也行，普通話在那種場合是不合時宜的。

通過短暫的觀察，我看出了成都小資的破綻，那就是，還沒有開放的"北京觀念"，骨子裏還殘留着省城意識，只跟熟人聊天，不像北京三里屯的酒吧，沒有端着酒杯四處尋找獵物的紳士。這裏的女孩沒有北京女孩的孤傲，也沒有見人熟的作風。

"北京觀念"就是要有遇人即熟，然後迅速進入勾兌階段。北京酒吧裏的小資已具備這種色彩，他們較之注重情感的成都小資們更爲大膽和實用。"小資"在中國從前是一個批評術語，在年終總結中，説你有小資情調，那你就完了。這説明你没有工人和農民這些領導階級的情感，屬於需要教育和改造的對象。按照階級劃分的理論，儘管小資產階級不剝削別人，也不被別人剝削，但他們的情感方式、審美方式，乃至人生態度，都很成問題，將個人情感、情調、趣味看得很重，這在過去是不合時宜的。

今天的"小資"們雖然已不再害怕來自工人和農民的批評，但他們卻將個人情感方式、審美方式和人生態度極度地誇大。他們根據一種很虛的、看不見摸不着的東西，來劃分社會階級。比如，同樣是喝咖啡，你喝的是味道，小資們喝的是情調。看電視，你看的是情節的刺激性，小資們則要看出品味來，像真正的藝術家一樣。小資們讀的是昆德拉、卡爾維諾、張愛玲的小説；看的是王家衛、侯孝賢、布努艾爾的電影；吃哈根達斯；能了解名牌

服裝的正品與副品的異同……如果按照生產資料占有量的多少，中國當代的小資們之中，有一部分甚至可能是無產者；而一些占有生產資料、榨取剩餘價值的老闆，可能根本就不符合"小資"的基本要求，被視爲土老冒兒。財產的多少可以通過個人努力，甚至通過歪門邪道得以改變，小資情調不是想有就能有的。小資

隊伍正在擴大，他們將自己的情感方式，變成一些煽動性的文字，通過傳媒發佈出去，既勾引着中小城市的青年和部分前衛農民，又在對暴發的、老土的有產階級施加精神和文化壓力。

身在成都的酒吧裏，你會明顯地感受到這種小資的情調，但這並不意味着你就了解他們了。只有被他們的high感染時，你才發現這是一個不應被忽視的群體，他們年輕，他們聰明，他們精力充沛。他們中的許多人是成都高科技產業的生力軍，亦是這個城市時尚生活的領導者。儘管他們不影響別人，也不願被別人影響，但他們的情感方式、審美方式，乃至人生態度，都需要這個社會給予足夠的關照。這裏有被遺忘在城市角落裏的各種情感，他們希望能在酒精的眩暈中被重新喚醒。對於這一群人來說，這酒是喝不透的意猶未盡，是啤酒花裏綻放的迷人笑靨，是用音樂粉飾心靈的愜意，是爲忘卻工作壓力的甜蜜慰藉……。他們把泡酒吧視爲自我意識的表達方式，並且頑固不化地堅持到底，他們就是要誇大這種個人的情感方式、審美方式和人生態度。有人稱這種很虛的東西爲"城市的亞文化"。

一個在英特爾公司工作的白領，端着蘭姆可樂對我說，他喜歡在這裏喝酒的感覺，喜歡和朋友划拳的熱鬧，喜歡和陌生人有一搭沒一搭的閒聊，喜歡獨自一個人坐在吧臺發呆，喜歡聽吉

他歌手優美低沉的歌聲，喜歡在侍應生的推薦下嚐嚐新酒，喜歡喝到一定程度時的飄飄欲仙。他說他來這裏並非是嗜酒，只是想在煩躁喧囂的晚上，在夜幕籠罩的寂寞裏，憩坐在都市清雅的一角，讓思緒隨着幽幽的酒香漫無目的地漂遊在空中，用這份沉靜和休閒來煥發明天的充沛。隨着越來越多的跨國公司和高新技術產業在成都落戶，這支年輕的族群也正在擴大，各類傳媒中已經有了他們的影子，他們將這種生活方式，變成一種煽動性的文字，通過傳媒發佈出去，既勾引着這個城市的青年和部分前衛農民，又在對暴發的、老土的有產階級施加着精神和文化壓力。

酒吧是都市年輕人的第二客廳。從表面上看似乎是東西方兩種不同文化轉換點，但在成都的夜晚，它不再是你面前的一件事物，而是一個想讓你走進的空間……朦朧的光環裏充溢着伏特加和檸檬的飄香，哈瓦那雪茄的煙味在音樂中氤氳、瀰漫。你可以在這裏細細品讀路易斯·阿姆斯特朗、約翰·考垂恩、邁爾斯·戴維斯的小號、薩克斯和帶電的吉他；也可以在昏暗的燈光

下找尋喜歡的文字，馬爾克斯的《百年孤獨》、村上春樹的《挪威森林》……這裏能讓你感到靜謐、憂傷，回想起人生某個階段的迷茫和苦澀。又能令你莫名地沉醉，更有從現實的重負下解脫出來的愜意。這些玩憨憨、精力足，同時收入不薄的青年一族，同時扮演了上班族和夜猫族兩個時段的角色。每個人每天都在幹兩件事情：工作和玩。他們把人生兌作啤酒中的泡沫，把理想兌作芝華士中的綠茶，把追求延長……

離開酒吧時，看着靜靜的街道和如絲的雨幕，才知道成都原來是這樣的詩情畫意。正因爲還有這不夜酒吧的喧囂，成都才美麗得有了少女低頭般的婉轉。伴着那雨點落地的聲音，任憑思緒留落在這漫漫的長夜中，留宿在一代才女薛濤的故地……。當我從清香的茶和醇香的酒中醒過來時，天空已經微白，當視線掠過這城市的建築時，猛然間想起那些當年如我一樣在成都微醉的詩人，如杜甫、如李白、如陸游、如薛濤……

平樂古鎮

成都酒吧的營業時間：
　　18:00PM － 4:00AM

價格：
　　啤酒一般爲180－240元/打，
　　紅酒一般爲120元－250元/瓶
　　白蘭地和威士忌──

　　人頭馬路易十三：
　　REMY MARTIN LOUIS XⅢ, ￥11000元/支

　　軒尼詩 XO：
　　HENNESSY XO, ￥1280元/支

　　軒尼詩干邑：
　　HENNESSY V.S.O.P, ￥488元/支

　　人頭馬 XO：
　　REMY MARTIN XO, ￥1480元/支

　　藍帶馬爹利：
　　MARTELL CONDON BLUE, ￥1080元/支

　　皇家禮炮21年：
　　ROYAL SALUTE 21S', ￥1488元/支

芝華士12年:

CHIVAS REGAL 12S', ￥280元/支

黑牌:

J/W BLACK LABEL, ￥380元/支

杰克丹尼斯:

JACK DANNIEL'S, ￥380元/支

哥噸金:

GORDON'S DRY GIN, ￥320元/支

### 成都酒吧時尚的喝法

1. 伏特加+橙汁:

　　這是一種最爲流行的喝法，本來伏特加這東西總讓人聯想起一片蒼涼的西伯利亞，加上橙汁讓野性變得有些溫柔。

2. 芝華士+冰綠茶+蘇打:

　　本來威士忌是一款很烈的酒，淨飲的話幾乎就是燒着喉嚨下肚，所以連酒商都會介紹你要勾兌一倍的蘇打水。可到了酒吧裏，這搭配就有幾分好玩了，一定要冰綠茶，不能用冰紅茶，還以康師傅這牌子的爲好。結果就在一股仙風道骨的茶香中，酒精悄然而入。

③. 純白軒尼詩＋蘇打水：

　　軒尼詩是法國白蘭地的四大品牌之一，法國人一向是很自戀的，要是得知軒尼詩在成都被這樣勾兌一番，不知會作何感想。

④. 杰克丹尼斯＋可樂：

　　據説這是來自中國某位國家領導人的發明，所以被稱爲 "天地一號"。這種組合到底有多好喝，要視個人口味而定，不過據説市場上已經有了類似 "天地一號" 的産品，主要成分就是杰克丹尼斯加可樂。

⑤. 蘭姆酒＋氈酒＋湯力水：

　　蘭姆酒和氈酒都很烈，混在一起更是火焰熊熊。兩款酒也都很清澈，合在一起也還是透明如水。所以説，在喝酒人的眼裏，水和火是没什麽分别的。

⑥. 百利甜酒＋蘇打水：

　　女人喝酒是很冒險的，其形象要麽特别墮落，要麽就特别美麗。百利甜酒的所有組合都是爲了迎合女士們，除了加蘇打水，甚至還可以加牛奶！

7. 百家得蘭姆酒＋可樂：

　　我正吃驚在醉眼迷離中，怎麼會冒出這樣一款有革命激情的組合出來？後來認真一看全明白了，古巴產的百家得蘭姆酒碰上了自由的美國可樂，其實這世界的衝突漩渦中也有一些可愛的和諧，比如卡斯特羅和克林頓都喜歡雪茄，還有這杯自由古巴。

8. 龍舌蘭酒＋檸檬＋鹽：

　　其實這是龍舌蘭最正統的喝法，之所以入選是因爲喝起來感覺很江湖。

推薦酒吧——
半打酒吧

　　"樂隊、情調、邂逅、故事、啤酒、鬼佬、遊戲、美女、新生代，在開了15年的半打一樣也不缺"。半打這樣宣傳自己。該酒吧以懷舊的風格和音樂選擇，吸引着30歲左右的成功白領，所以被成都的年青人戲稱爲"中老年活動中心"。每到周末，這裏座無虛席，連吧臺邊的座位都沒有空的。

　　地址：成都市芳草街26號
　　電話：028-85176969

### 空瓶子

占地一千多平方米，可同時容納四、五百人，是一家大型的英式酒吧。超大的面積被劃分爲不同的區域：遊戲區域，提供各種英式娛樂遊戲；網上衝浪區，吸引各類個層次消費群邊喝酒邊上網；開放式high吧，推出職業樂隊系列演出。酒吧風格純正，裝修格調具有濃厚的文化氛圍，還有美味餐點和歐美最流行的飲品。

地址：成都市二環路南三段玉林生活廣場三樓

電話：028-85599798

### 青鳥

"青鳥"並不大，但卻是成都旅行族的據點之一，酒吧主人本身就是個旅遊發燒友，大家在這裏打幻燈，講旅途趣聞。牆上掛滿了大大小小的照片，全是這裏的常客們留下的得意之作；牆角的書架上擺放着有關旅遊的書，牆上掛着店主和酒友們在全國各地捕捉到的精美鏡頭，以及從全國各地寄發回的明信片。有尋找"旅友"的啓事，有旅行裝備介紹，有近期活動安排表……

地址：成都市芳鄰路4號

電話：028-87034530

### 卡羅西餐酒吧

在錦江賓館旁，靠錦江橋頭。沒想到那麼多人都擠在裏面，巴掌大的舞池密密麻麻的人。當時的印象是音樂好聽，酒便宜，外國人多。後來每次去，都是衝着那的音樂去的。很喜歡那裏的DJ，放的曲子都是些國外流行的酒吧音樂。從國外來的人都說卡羅就像在國外的那些小酒吧。工作後去卡羅喝酒、跳舞、聽音樂，是一種放鬆也是一種發洩。

　　地址：成都市臨江路2號

　　電話：028-85444639

## 阿倫故事

　　廣告詞是"只預約浪漫，不出售愛情"。交友的酒吧：每個桌上都設有一部電話和座位地形圖，泡吧者完全可以自助交友，除撥通電話介紹自我，還可以通過BBS聊天。店主的小說《誰說淑女不泡吧》《我是良民請愛我》在互聯網上廣泛流傳。

　　地址：成都市雙楠小區雙元街107號

　　電話：028-85550978

## 白夜

　　通體白色：白色的吧臺，白色的書櫃，白色的椅子，白色的裝飾，明朗纖巧的酒吧，是成都詩歌或者藝術交流的重要據點，不定期有詩歌朗誦或藝術展覽。整整兩面牆的懸掛書架上，你可以找到漢語詩歌中幾乎所有印製粗糙或者精美的詩刊，在那兩盞光色沉迷的紫光燈下，詩刊上那一行行文字像魔法閃光般地凸出來，誘惑着你的視力。

　　地址：成都市玉林西路85號

　　電話：028-85594861

### 音樂房子

　　老板是個懷揣狂熱音樂夢想的青年，所以一到周末，成都或者外來的DJ都會用電子節奏搖醒這個房間的一切，震出愛好者的夢想。音樂房子的主賓關係很好，唱到某些耳熟能詳的歌時，臺上臺下唱成一片，亦喝成一堆……常有點歌的人攜了酒上去與臺上的歌手共飲。

　　地址：成都市玉林南路玉林生活廣場305號

　　電話：028-85510227

### 視風多元概念店

　　也許在這裏泡上一個晚上是奢侈的，但也許不知不覺就能體會到沉靜所帶來的的片刻舒適。線條簡潔的設計，銀色金屬的質感和充滿性格的屋子裏，正好適合人們追求創意和思考的心理。所謂的"概念"，即是使每一樣物品都獨特的創意和設計：衣服、音樂、書籍、電器、電玩，視覺。店內設有一個小型藝術展示空間，搭配了許多新的小品牌以及特殊限量的產品。在滿架的各類設計時尚書籍中選上一本，聽着如燈光一般靈動的音樂，濃郁的咖啡和清冽的啤酒，甚至香烟的味道，讓人安靜平和。

　　地址：成都市玉林西路73號

　　電話：028-85580662

### 後爵士酒館

　　它是由三個女人共同構架的一部裝置藝術作品，在這樣的空間裏，三個東方女性用音樂、書籍和酒這樣的載體，展現她們理解的西方現代音樂、現代藝術和現代文化。後爵士從表面上看似乎是東西方兩種不同文化轉換了時間、地點，就像文化進出口後所產生的異化和相融。她們想製造的是在後現代的今天不同膚色的人類、不同政治的社會、科學與文化、不同藝術門類之間的相互影響和制約、綜合和解體、同化和異化後的現實感。夜晚的後爵士，朦朧的光環裏充溢着伏特加的檸檬飄飄，還有哈瓦那雪茄的香味在空氣中氤氳、瀰漫。

　　地址：成都市玉林南路96號

　　電話：028-85173809

## 十二橡園

　　典型的美國西部鄉村俱樂部風格，很引人注目的是大門邊的那個玻璃櫃，裏面有衆多的酒瓶子橫七豎八地躺在裏面，向你展示酒的豐富內涵。曲曲爵士樂都在撩撥心情，有想要跳舞的衝動，在座位上左扭扭右扭扭，手也打着拍子，搖頭晃腦的，陶醉在自己若有若無的情愫中，一點都不會感到無聊，享受着孤獨的另類快樂。你若不喜歡蹦迪的瘋狂與吵鬧，不喜歡夜總會裏無聊的節目，就選十二橡園這樣一個有味道的酒吧，因爲這裏自在，隨意；也因爲這裏唱的都是老歌、情歌。

　　地址：成都市人民南路四段十二號附6號

　　電話：028-85563607

## 本壘酒吧

　　具有運動酒吧典型的粗獷，運動的氣息無處不在：曼聯、阿森那……各種球隊服、標誌盡收眼底。呷着舒爽的酒，一邊和朋友吆喝着觀看緊張刺激的甲A聯賽、歐洲聯賽、世界杯、冠軍杯……你可以盡情揮灑對運動的酷愛。在這裏評球、侃球、觀球是最好的選擇。

　　地址：成都市芳鄰路1號附4號

　　電話：028-87026888

蘭桂坊

　　用笨拙的石頭砌成的外牆顯得很質樸，裏面則是全部用大大小小的貝殼粘成的燈罩，四周牆上掛的吉他、小提琴、唱片、還有柱子上、牆上木質相框裝點的畫、照片，加上深咖啡色的木質桌椅，讓人感受到獨有的氛圍。喝一扎店主自釀的啤酒，伴着熱鬧的藍調爵士樂微醉，如果你覺得還寂寞的話，就拿起"勾兌熱線"，打個電話給別桌的朋友，聊個痛快，侃個高興。

　　地址：成都市少城路15號

　　電話：028-86263626

坐標歐亞風情酒吧街

　　由以世界六個不同風情的事物命名的酒吧"拼湊"而成，下面是它們的宣傳廣告：

　　聖彼得堡酒吧——曾經是沙俄鼎盛的象徵，曾經是紅色的革命之都，所有的光榮與夢想，都埋葬在這裏邊，您的到來就是對他的發掘。歷盡滄桑的聖彼得堡，風格炯異的俄羅斯酒吧，在這裏濃縮成了您思緒的長長舞臺。在那伏特加的折射之中，透過那迷離的時空，似乎看到了列寧1918……

　　香榭麗舍酒吧——香榭麗舍，時尚與浪漫的代名詞。橫貫世界著名花都"巴黎"的香榭麗舍大街讓人浮想連篇。還記得世紀之吻嗎？還記得倒轉巴黎鐵塔嗎？您所在的法式酒吧充分展示了藝術之都的魅力，在這裏，可以盡情領略時尚與前衛、品味法蘭西風情與世界文化的交融韻味。

　　櫻花酒吧——這是以櫻花命名的日式酒吧。櫻花，憂傷淒切、一夜凋零，被日本奉爲最神聖、最文明、最能代表日本人民情感的國花。櫻花酒吧門前植有28棵櫻花樹，每年4、5月份櫻花盛開的季節，這裏就變得更加美麗、浪漫。

　　芭堤亞酒吧——身處以泰國旅遊勝地芭堤亞命名
的酒吧，在神秘佛國的熏陶下，感受金碧輝煌的浪
漫；迷人的熱帶風情，是誘惑也是美麗。酒吧飾以佛
像、神話傳說、人妖圖、鬥雞毛面具等，別具一格。

　　格林威治酒吧——身處的格林威治酒吧是英式酒
吧。在這裏，可盡情領略英國的傳統和紳士文化。

　　法蘭克福酒吧——置身於以德國名城命名的酒
吧，感受日耳曼的嚴謹和奔放，杯盤碗盞間，暢想足
球和啤酒。

　　地址：成都市玉林西路沙子堰中巷

　　電話：028-85577799

## 還有一些——

### 紅色年代

　　地址：成都人民南路4段30號

　　電話：028-88074548

### 零距離

　　地址：成都市九里堤北路2號

　　電話：028-87610035

### 單行道

　　地址：成都市人民中路二段輕工大廈內

　　電話：028-87650545

### 百年磨坊
地址： 成都市玉林中路8巷12號
電話： 028-85556019

### 楓丹白露
地址： 成都市人民南路二段80號
電話： 028-85506666

### 小酒館
地址： 成都市玉林西路55號
電話： 028-85568552

### 自由BoBo
地址： 成都市紅瓦寺街學府花園3號
電話： 028-85253829

### 天堂眼
地址： 成都市武侯祠大街117號A18
電話： 028-85567336

### 半支煙情人酒吧

　　地址：成都市青羊大道18號附8號

　　電話：028-84471368

### 怡都酒廊

　　地址：成都市科華北路19號

　　電話：028-85225332

### 第七感覺

　　地址：成都市人民南路四段12號

　　電話：028-85539243

### 得且樂酒吧

　　地址：成都市玉林中路13號

　　電話：028-85567725

一座難說再見

一座難說再見的城市

YIZUO

A

城市
ANSHUO
DE CHENGSHI

酒吧是年輕人的第二客廳，滲透著城市脈絡的生活情緒……

　　成都是一座很適合居住的城市，也是一座很值得行走的城市，據說在成都，戀愛中的情侶從聖天露茶樓走到聖淘沙茶樓，從紅星路走到雙楠小區是常有的事。我發現在成都問路跟北京很不一樣，在北京，當地人會告訴你，往北二百米再往西走四十米；在成都，當地人會告訴你，往前走，抵攏倒拐，左轉，再走一點點……

　　在這種"抵攏倒拐"的指引下，爲了尋找蘇菲亞，我沿着她工作學習變換的地點，追蹤下來的同時，也順便探訪了三所大學：四川大學、四川師範大學、西南交通大學。

　　四川大學在九眼橋旁邊，緊挨望江公園，是成都最具規模的綜合學府。那裏除了有壯觀的教學大樓和圖書館外，還有價廉物美的小吃，大大小小的精品店和書店。更重要的是，有一家挨一家的茶館、酒吧，價格超低。看到校園情侶在陽光下，燦爛地攜手從梧桐樹下走過時，就像看到了當年的自己，不由地感嘆歲

月的無情。那些在茶館裏寫論文、看書的美女，最易引人注目，茶館是她們製造邂逅、戀情和分手的地方……在"喝吧""1812"我遇到很多的老外，這裏的啤酒只要5塊錢一瓶，還可以站到桌子上唱歌。

從瑞典來的派崔克曾是蘇菲亞在川大中文初級班的同學，他在不確定地告訴我蘇菲亞行蹤的同時，頗爲得意地告訴我，他現在住着的這間一個四合院老屋二樓的小房子，是用200塊錢一個月租的，非常便宜。他每天中午起床，出去吃碗麵，回來念中文(當然有漂亮的MM陪着)。下午四五點鐘，約上幾個朋友，在樓下院子裏喝二元一杯的茶。晚上隨便找家館子，吃炒飯。然後開赴酒吧，喝酒，有時還要去牛王廟吃鬼飲食（蹄花湯、牛肉麵，因其夜深，故名）。回到住處，如果還有餘力，他會看一部非主流的電影。出現財政赤字後，他就會很長一段時間"收刀撿掛"，熬上一月半月，然後再如往日。他說瑞典和中國同屬社會主義國

家，但在中國，特別是在成都，才真正的地道。

　　我被派崔克支到四川師範大學，他說蘇菲亞可能在這個學校教法文，但學校的外教辦公室說她只是臨時教過一個月而已，現在早已不在這裏了。四川師範大學在一個叫"獅子山"的地方。說是山，其實只有一點小小的坡度，山上有鐵路穿過，鐵路兩邊是高大茂密的楊槐樹。據說以前春暖花開、槐香四溢時，樹林裏擺了八仙桌和竹椅，可以斜躺在竹椅上看細碎的光影游移。除了大學生，前大學生之外，有不少成都人拖家帶口來此野炊，把這裏當做不收費的公園。後來因校方統一規劃，將這裏另做他用，還引起學生的抗議。於是，作爲補償，校方新建了一座四層樓的"校園廣場"，把以前分散的吃喝玩樂場所集中起來了。冷啖杯、中餐、火鍋、燒烤、小吃、冷飲、網吧、酒吧、茶坊一應俱全，而且全都人滿爲患。店名大衆化地好聽："翡冷翠""水木年華""一木林""在水一方""九龍鼎""頭髮亂了"……

　　我在留學生宿舍找到來自美國密蘇里大學的羅伯特，據外教辦的一位老師說他是蘇菲亞的好朋友。我告訴羅伯特我不小心把蘇菲亞的E-mail地址給刪掉了，她原來給我的電話號碼也沒有人接聽，所以現在沒有任何與她聯絡的方法。羅伯特在給了我蘇菲亞確定的地方後，用蹩腳的、甚至還帶有些成都方言的中文說："你既然來了我們師大，何不到處打望一下？"他說四川師範大學是成都公認的美女最多的高校，在"校園廣場"裏，可以見到如雲的美女。他甚至用狡黠的目光看着我說："你在見蘇菲亞之前，最好先在我們師大狠狠地洗一次眼睛"（我知道這是成都方言：意思是看美女。但爲什麼要保養一下眼睛？）。就爲他這句"貼心"的話，也感謝他讓我找到了蘇菲亞，我在頂樓的海騰餐廳特別請他吃了一頓飯。雖然這裏有流水潺潺，竹木蔥蘢，但我還是按照羅伯特的教導，四處打望地"洗眼睛"……

　　我最終在成都市區西北角的西南交通大學找到了蘇菲亞，她在成都輾轉了幾所學校之後，最後選在這所大學做外教。西南交通大學不知什麼原因，其外省學生遠多於本省學生，看上去不像四川大學和四川師範大學那樣很有地方特色。但因爲是在府河邊，所以在寬闊的露天廣場上散步、看書、打望，另有一種感覺。據說這裏經常放露天電影，甚至可以從學校的小店裏買一些樂山燒烤、老媽蹄花、藤椒鉢鉢鷄，再來幾瓶冰鎮啤酒，烤幾碟葷素菜品，一邊欣賞老掉牙的電影《英雄兒女》《渡江偵察記》《出水芙蓉》等，別有一番風味。蘇菲亞用地道的漢語跟我説這些話時，我差一點就把口中的可口可樂噴出來——要知道，她從法國來這裏不過才一年半，普通話説的比成都人還地道。我真的佩服以理工科爲主的西南交通大學，漢語教學的能力真是一流⋯⋯。

兩年前我在巴黎左岸和蘇菲亞一起喝咖啡時，她只是剛有想學中文的想法，她選擇成都也是因爲一種偶然——她的家鄉蒙彼利埃市（Montpellier）和成都是友好城市，那裏有以“成都”命名的街道和廣場。這個在地中海邊上長大的女孩，對中國的最初的印象，就是小時候在市政大廳裏看到的幾十幅成都的照片⋯⋯但現在她卻成爲一個成都通，像當年在巴黎給我當導遊一樣，竟成了我這次來成都的臨時導遊⋯⋯

她説她最喜歡成都的地方是它的氣候，這裏的氣候不但適合養人，也適合養花，這一點很像巴黎。成都溫潤的天氣把女人都捂得粉面含春，把男人都養得溫柔敦厚，並讓男男女女沉迷於

桃花會

悠閒的生活場景之中，不似北京人那般心懷天下，也不似上海人
那般錙銖必較。得益於成都溫潤的最大受惠者，是成都的花草。
她說在很多地方，梅花都是紅色的，而成都的梅花幾乎清一色的
淡黃色。每當梅花盛開的季節，成都大街小巷都飄散着淡淡的幽
香。從來沒有哪種花，能像梅花那樣，普及成都的各個角落。所
有的菜市場，所有的花店，所有的流動花攤，都有捆成一束一束
的梅枝，有的業已開放，有的正待含苞。家庭主婦、辦公室白領、
小資青年和其他愛梅人士花幾塊錢，把梅花買回，插進客廳、臥
室、寫字間、酒吧、茶坊和餐廳的花瓶裏。此後許多天，就有淡
淡的梅香縈繞。整整一個花期，成都都籠罩在梅香裏。通過梅花，
人們不僅得到纖塵不染的浪漫，還得到了相濡以沫的溫情。

　　蘇菲亞說："成都有個叫幸福梅林的地方，你一定要去。在
那裏有成都最大的梅林，有20多萬株，200多個品種，還有梅花
博物館。這也是我見到過的最漂亮的中國農村。"等我們坐在三

紅砂村

聖鄉幸福村那別具一格的農家小院裏時，已過了賞梅花的季節，倒是一片片的油菜花，讓人意亂情迷。蘇菲亞說看油菜花不能在這裏，最好的方式是騎着自行車，從成都往西或者往南，隨便走進一條機耕道，大片大片的油菜花就會幌得人目眩神迷。她說她有一次一個人躺在油菜花地裏，那種感覺真棒：所有的情緒都被油菜花包圍，連天上飛過的鳥，也向自己發出快樂的叫聲。在大片大片的金黃之間，蓄積了一冬的青春激情，在此刻釋放。

　　成都雖然又叫“蓉城”，但芙蓉花卻很難見到，只有在永陵、武侯祠等很少的地方才能看到。杜甫的“曉看紅濕處，花重錦官城”，好像只剩下詩意的回憶……。其實在成都雖然不容易看到芙蓉花了，但卻可以看到花中之王的牡丹花：成都北部的丹景山，大規模栽培牡丹的歷史有千多年了，有二百多個品種，紅、白、黃、紫各色的花朵都有。還有石象湖的鬱金香，每年三月底四月初，數百萬株一起怒放，十分壯觀。還有龍泉的桃花，漫山遍野的，桃枝夭夭，桃花灼灼。還有新津的梨花……

　　蘇菲亞說成都實際上就是一個花之城，這一點，連自稱花城的巴黎都無法比擬。她說，在成都，你隨意選擇一個出口，走進一個從未到過的地方，你就會有意想不到的驚喜。我們從三聖鄉坐車出來的時候，經過一條不寬的水泥路，兩邊是高高的筆直

芙蓉古城

的不知名的行道樹，老葉黛綠，新葉嫩黃。道路兩邊是深淺不一的綠色的農作物，一壟一畦，偶爾還有裸露的褐色的泥土。陽光下，萬物都帶上了溫暖的色調，頗有點法國風景油畫的味道。那段路，我們讓司機用最慢的速度駛過，路邊的野花鮮艷奪目⋯⋯

　　成都因為歷史文化深厚的原因，不但保留了許多的古跡，甚至許多的街道

成都春熙路

亦留下了不少歷史文化的痕跡。如提督街、督院街、總府街、學道街、鹽道街、藩署街，都是因歷史上的官府衙門的所在地而得名；而文廟前、後街、城隍廟街、靈官廟街、康公廟街、駱公祠街等則是以廟宇祠堂命名。其中有一條很著名的大街叫"春熙路"，則是取自老子《道德經》中的："眾人熙熙，如登春臺"的句子，以描述這裏商業繁華的景象。

　　蘇菲亞說，到了成都不去春熙路，就像到了北京不去逛王府井，到了上海不去看南京路一樣遺憾。春熙路始建於1924年，由四川軍閥楊森興建，最初根據他"森威將軍"的頭銜將其命名為"森威路"，後改為現名。上世紀八十年代我初來成都時，春熙路就是當時成都的商業中心，有歷史悠久的亨得利鐘錶行、一

應俱全的第一百貨公司、衆多的小吃館……現在太平洋百貨所在地，原是許多的
袖珍小店，我記得有一家是專賣皮筋頭繩的，門面不到一米。我還在胡開文文具
店買過筆，去"詩婢家"觀賞過文房四寶，逛過新華書店和古籍書店。據朋友説，
春熙路商業步行街改擴建工程是在2001年春天全面啓動的，這是春熙路百年歷史
上最具規模、變化最大的一次整容手術。改造後的春熙路不但寬敞了許多，道路

由花崗石與仿古地磚鋪就，主街的交匯處，是有名的中山廣場。拓寬後的廣場有
露天水池和綠化帶，成爲遊人小憩的好地方。作爲成都最繁華的商業街，春熙路
不僅歷來是成都人銷金玩耍的重要去處，同時還傳承着這座城市獨特的文化氣質。
據説幾年前夜逛春熙路，是逛一個亂哄哄的兜售低價商品的夜市；現在的成都人
説起到春熙路，卻是來領略一種時尚現代的生活方式。春熙路現在被細分爲"精
品一條街""休閒個性一條街""餐飲一條街"。從商品形態看，今天的春熙路商
圈已成爲一個精華商業區。但春熙路的價值並不止於此，它和這座城市一同經歷
着歷史上從未有過的變化，它正在進一步發揮着凝聚文化的功能。

　　吸引我的是春熙路北端的"影雕壁"，由主體是白色花崗石組成的抛光屏面，
將當年成都業場的老店、老街、老人，加以藝術組合，投影於牆上，用非常淺的

成都春熙路夜景

浮雕手法，點狀地陰刻出來，看似朦朧不清，但隱約可見，表現着一種歲月的記憶，在春熙路五彩繽紛的環境中，產生出視覺的衝擊。觀賞雕塑，遊人影像投入拋光的花崗石中，好像人的影子和歷史影子重合。這件作品名爲《目光》，上面昔人的眼睛看今人，今人眼睛看昔人，互相注視，形成歷史對話。另一幅讓蘇菲亞不斷端起照像機找角度的，是鑲在地面上的鑄銅浮雕《春熙路老字號掠影》，分別表現廣東刀剪店、新新新聞社、三益公戲院等16個老字號店家、機構的場景，四個一組地鋪設於春熙路的小廣場上，濃縮了春熙路開街以來的商業史和風俗畫，既新穎又不占空間。

此時已從朋友家回到我身邊的丹尼，帶着好奇和驚喜的目光，看着這步行街的熱鬧，這裏密集的商家和如織的人流，是他在美國從未看到的：放了學成群結隊的中學生，臉上是青春期特有的驕傲與蠻不在乎；在放着流行歌曲的時裝店門口，打扮時髦的店員招着手喊着歡迎選購；廣場中心孫中山的銅像，乾瘦而安祥；十字街頭銅製的刻畫，有當年老成都電影院和魂斷藍橋的海報……這裏的一切都讓他感到新奇，也讓他有些目不暇接……。走累了，我們坐在一家位置很好的露天咖啡吧裏，剛好能看盡春熙路今日的繁華。打望着稀有的陽光

春熙路小巷

和熙熙攘攘的人群，竟有一些坐在巴黎或維也納街頭的感覺。想起二十多年前這個城市的生澀和破敗，我好像在打量着它的成長，發現它更光彩，更閃亮，更世界……。成都在中國並

這樣奇妙的都市嗎？——沒有經歷過什麼戰亂、饑荒的磨難，在安逸中享受着天府之國的厚愛；沒有因舒適而沉淪，而是在自省中發展和奮起……

作爲一個外來的旅遊者，我很樂

石象湖

不是一個排名在最前列的城市，沒有北京那種政治經濟資源極爲充沛的環境，沒有上海那樣外資和金融產業的大量聚集，沒有廣州那種GDP的飛速增長。但它卻是一個極具潛力的城市，內斂，自主，獨立，甚至帶着一份桀驁與孤傲的個性穩定地成長着，給這方土地的兒女最巴適的生活。想想在整個中國，你還能再找到一個像成都

於享受成都的各種普通大衆式的消費，體驗成都人“花小錢辦大事”的服務意識。我甚至想説成都真的是一座以人爲本的城市，種種在別的大城市無法得到的平民服務意識，貫穿在吃、穿、住、行、遊、購、娛的各個方面。成都的生活讓人麻醉，讓人舒坦，能讓不同身份的人，坐在同樣的竹椅上，喝同樣價錢的茶水，消耗同樣的光陰。

成都市樹──銀杏樹

在成都的茶館和餐廳裏，不分老板和百姓，不分白領和民工，不分汽車和自行車。這對那些外來人而言極具誘惑，這種吸引也往往使旅行者在路過成都時多消耗些時日，多犧牲些健康和睡眠，也讓那些習慣於漂泊的浪子們，難於拔身，盤桓不前。

我順手在桌子上拿起一本剛買到的雜誌翻看，一條關於成都旅遊指數的文章吸引了我的目光：

### 成都旅遊指數——

綜合指數：8.5，整體印象，外地人比本地人打分要高些，有兩種可能：外地人給成都面子，反正順水人情，自己又沒有損失；成都人生在福中不知福……

視覺指數：9，看花、看人、看城，看流過都市的河流，看真的或者仿的古建築，要不然你還可以在四合院，坐在八仙桌旁的竹椅上看藤蔓爬上花架。

聽覺指數：7.5，川戲、李伯清的散打評書、酒吧裏的搞笑方言劇。外國遊客可能聽不懂，但你一看到他們的動作和表情就會覺得想笑。

味覺指數：10，我不用舉例，免得你的口水嘀嗒……

趣味指數：8，成都的遊樂方式是如此之多，多到你煩於先什麼後什麼。在休閒娛樂方式上，成都人不僅擅於學習，還熱衷於創造和改造，你來了就會知道。

文化指數：8，古蜀文明，三國文化，李白、杜甫就不說了，十幾所高校和眾多的博物館，讓成都成爲文人騷客的集聚地。據說，在成都的玉林小區，隨便遇到一個人都是詩人，或者曾經是詩人，或者將來是詩人，最不濟都是詩人的朋友。

藝術指數：8.5，你可以在"白夜"(酒吧)裏看到國內外非主流電影、DV，可以在"藍頂"(工廠改造的畫室)看到後現代的畫作，也可以到春熙路看懷舊的銅雕。

空氣指數：7，可能是成都在盆地中，空氣流通性不好，成都常常是霧濛濛的。但比起中國其他的大城市來說，成都的空氣質量還算不錯，更何況還經常下雨。

　　天氣指數：7，雖然見陽光的日子不是很多，但起碼還保證了你的皮膚不會變黑。

　　美女指數：9，哪個地方都有美女，但成都美女特別多。爲什麼呢？成都晴天少陰天多，空氣潮濕，女子皮膚白啊，人一白，怎麼看都好看。

　　悠閒指數：9.5，邊喝茶邊談生意，在工作中休閒，在休閒中工作……你到哪還能找到這樣好的地方？

　　驚喜指數：9，成都你會遇到許多意外的驚喜，比如開銷低於你的預算，樂子多於你的預計等等，不詳加例舉，不然就沒有驚喜了。

　　浪漫指數：8，這是一個浪漫到骨頭裏的城市。有人會在成都發行量最大的報紙頭版買版面表達他對戀人的愛；還有人在一個山坡上把上萬盆不同顏色的鬱金香擺成I love you……

沙河新姿

　　成都是一個很具吸引力的地方，無論你來自何方，或是爲何而來。這種被吸引的感覺你無法説清楚：從火辣辣的魚頭火鍋到清淡的龍抄手，從時尚澎湃的春熙路到酒味飄香的玉林生活廣場，從一杯淡淡的蓋碗茶到拍手叫絕的變臉，太多零碎的片段拼湊着成都的整體印象。喜歡的，不喜歡的，裝滿的都是不捨。關於成都，我像是了解一個人，從當初的陌生和茫然，到今天的熟悉和喜愛：愛上這個城市的個性和氣息，愛上這裏人豁達和安逸的生活態度，愛上這裏的吃和喝，愛上這裏一切的一切……成都是一個凡是觸碰過她的人，會用心記住一輩子的城市。

　　蘇菲亞説："對成都，我只是一個過客，就好像它曾接納過的無數人又送走過的無數人一樣。只是，對於生命的個體來説，在有限的生命中走過的地方都必將書寫屬於自己的最重要一個樂章，所以每一個城市的經歷都將是刻骨銘心。成都已經成爲我心房上的一個影像，它牢牢地抓住了我的思念，並讓我迷上它，甚至不想離開這個擁有悠久歷史、濃濃文化、五光十色的西部之都。在這裏，我找到了太多的感動，不僅僅是由現代建築所構造的城市，而是它的氣息和性格。於成都而言，在悠閒的生活表面下掩藏的，是古已有之的富足豐饒，是四季長流順都江堰而下的錦江，是夏日茶樓裏

少城老門門兒的雕花吊爪

的一杯花茶，是侃侃而談的往事，是那些青瓦高簷、雕花門窗的川西民居……。」

一座城市就像一個人，有自己品格和精神氣質的城市肯定是最讓人喜歡的城市，也是最讓人難忘的城市。歲月的變遷只會磨損她的容顏而不會消蝕她的魅力，成都留在我心中永遠不會磨滅的影像，是金沙遺址博物館閃爍着的「太陽神鳥」的光輝，是三國文化傳承着的千年古蜀的智慧，是杜甫草堂裏迴蕩着的詩仙的歌賦，是這座正在騰飛的城市的前世與今生……

與蘇菲亞分手時，她說希望明年在成都能再見到我。

「明年？你準備在成都不走了？」我驚訝地問。

「明年很久嗎？我很喜歡這個城市，起碼到現在為止，還沒有任何的理由讓我想離開啊。」她幽幽地說，彷彿我問的問題很有「問題」。

………

離開成都是在雨中，濕濕的成都有種「潤物細無聲」的感覺。我明白，我現在已開始在用心去感受這座城市的一切。我開始明白，露絲‧哈克尼斯為什麼要在死後葬在這裏；也開始理解，蘇菲亞為什麼會如此地喜歡這個城市。雖然我們這次只在成都住了短短的幾天，

散花樓

成都平原邊緣的晨曦

可是，我心裏對這個城市卻已滋生出一種曖昧和留戀的情感……
很像那位中國電影導演張藝謀那句著名的臺詞："成都，是一個
來了就不想離開的城市……"

車裏的收音機飄出一首輕歌在車箱裏盤旋：迎着雨點走出
你淡藍色的房間／記得你說離別要在下雨天／就像你已明白有一
天它會實現／原諒我不對你說再見／深深埋藏這段未盡的情緣／想
念每一個下雨天……。我默默凝望着窗外的世界，就彷彿整個成
都也籠罩在這樣的歌聲中，在歌聲中雨聲裏空闊着靜謐着。這是
種遼遠的靜謐，在悠揚而略微傷感的樂曲聲裏瀰漫到無限，瀰漫
開來的，還有無限的關於雨的思緒。一時間，我不禁有些恍惚：
我不知道這是怎樣的一個空間，喚醒着我那二十年前已經沉睡去
了的歲月，離開這個城市的時候，內心滿是惘然，那些明明是屬
於我的曾經的美好、曾經的夢，我卻沒有辦法帶着回去……望着
窗外的雨絲，正在感傷，突然間發現丹尼早已淚流滿面，只有十
歲而且是第一次來成都的他，手裏拿着那張和大熊貓的合影，望
着車窗外面的城市喃喃道："Chengdu, I miss you!"（成都，我會想
念你!）

成都的大學：
### 四川大學

四川大學的前身是1704年建立的錦江書院、1874年建立的尊經書院和1896年建立的四川中西學堂。1931年定名爲國立四川大學。後相繼成都科技大學、華西醫科大學合併組建成新四川大學。目前是成都地區規模最大的學校。

　地址：　四川省成都市望江路29號

　網址：　www.scu.edu.cn

### 電子科技大學

成立於1956年，由當時的交通大學、南京工學院、華南工學院三所院校的電訊工程專業合併創建，爲中國最早的國防院校之一。現已發展爲文理工並存的多學科綜合大學。

　地址：　成都市建設北路二段四號

　網址：　www.uestc.edu.cn

### 四川師範大學

四川師範大學創建於1946年，位於風景秀麗、環境幽美的成都市城東獅子山，占地3000餘畝。現有校本部、東校區和草堂校區三個校區，設有學院16個，已培養學生20餘萬人。

　地址：　成都市錦江區靜安路5號

　網址：　www.sicnu.edu.cn

### 西南交通大學

西南交通大學1896年創建於山海關，是中國創辦最早的高等學府之一，也是中國土木工程和交通工程高等教育的策源地。1905年，遷校河北唐山，曾先後定名爲 "唐山交通大學"、"中國交通大學唐山工學院" 等。1952年，更名爲 "唐山鐵道學院"。1972年，學校内遷四川改爲現名，並沿用至今。

地址：成都市二環路北一段111號

網址：www.swjtu.edu.cn

### 成都大學

是成都一所新型的綜合性大學，設有機械工程、建築工程、電子信息工程、計算機科學技術、生物工程、外語、中文、設計藝術、工商管理、經濟與法律、旅遊等11個系。

地址：成都市龍泉區十陵鎮

網址：www.cdu.edu.cn

### 成都最佳賞花地點：
### 三聖鄉

在錦江區的三環路附近，有六大片區：曾家坡村月季園、粉房堰菊花園、幸福臘梅園、萬福荷塘園、紅砂生態科技種植園。可坐電動車在十里花海中穿梭，或步行倘徉於陽光下、繁花中。渴了在路邊的 "農家樂" 中喝一杯清茶，餓了就吃一餐農家飯，離開時還可以隨意在路邊買幾束鮮花帶回家⋯⋯

Tips

### 桃花故里

　　位於老成渝公路26公里兩旁，屬山泉鎮。是龍泉水蜜桃的發源地和水蜜桃引種人晉希天的故居所在地。共有農家樂150多家，所有農家樂院落均打造成川西民居特色。有桃花12000多畝，全是複式花瓣。由於山泉鎮有山有溝，因此桃花顯得層次分明，加之山泉鎮地勢比較高，適合俯瞰桃林。

### 書房村

　　位於龍泉鎮西2公里。有農家樂100户左右。桃樹面積3000畝。地勢平坦，成片的桃花一望無際。可以盡情感受"人在花中遊"的愜意。

### 新津梨花溪

　　在成都新津縣城南3公里，有梨園近萬畝，是成都賞梨花的最好去處。山勢起伏，峰迴路轉之時，滿眼如雲似雪的白，千樹萬樹的梨花，和着金黃的油菜花、青翠的麥苗、閃光的水塘和青堂瓦舍的農家，宛如世外桃源。

### 天彭牡丹

在成都北30多公里處彭州境內的丹景山上，有1000多年栽培牡丹歷史。牡丹種類有紅、白、黃、紫各色，看花的同時，也在登山。當氣喘吁吁地爬到牡丹坪，眼前豁然開朗，牡丹隨風搖曳，很是愜意。在丹景山不僅能看到牡丹，還有芍藥、杜鵑、大麗菊、紫薇、臘梅等。

### 石象湖鬱金香

在成雅高速路86公里處的一個天然湖泊畔，栽有鬱金香29個品種300萬株。每年三月底四月初，數百萬株鬱金香怒放，成片的黃色、白色、紅色，在湖邊舒緩起伏的坡地上蔓延，開得如火如荼，酣暢淋漓。

### 油菜花

成都油菜花通常開在三月中旬，無邊無際地開在成都郊縣新津、雙流、郫縣的農田裏，香濃、熱烈，讓人意亂情迷。看油菜花，最好的方式是騎自行車。出三環路，過了城郊結合部，進入純正的成都鄉下，大片大片的油菜花就晃得人目眩神迷。找個地方停下，從一條細窄的田間小徑進入油菜花地，所有的情緒都被油菜花包圍。

Tips

### 新都桂花

　　成都以北16公里處的新都桂湖，是著名的桂花產地，有500多年的栽種歷史。湖面不寬，湖岸森森林木，桂樹滿園，有金桂、銀桂、丹桂、四季桂、柴桂五大類品種。每年農曆八月，細細密密的桂花，白色、金色、米色，叢叢簇開於片片圓葉中。哪怕是微風，也可以把花香送到老遠的地方，甜潤、芬芳。

### 新津荷花

　　離成都市區40公里，離新津縣城6公里的安西鎮內，有個荷花村，荷花村有百畝荷花、百口魚塘、百家漁莊。放眼望去，四圍香稻，十里荷花，一派鄉村風情。荷花以其“出淤泥而不染”聞名，在陽光下，荷葉上的露珠散發出耀眼的光芒，花朵在蓮葉的擁簇下，嬌艷欲滴，楚楚動人。更多的是花蕾，藏在荷葉下，含苞待放，將開未開。

　　成都的媒體曾向市民徵集“成都一日遊”方案，以下是獲獎方案：

### （一）自行車走街串巷一日遊

　　推薦理由：自行車自由、靈活、方便隨意，不但可讓遊客飽覽風景名勝，還可令遊客深入到成都的大街小巷感受濃厚民風民俗。

　　上午：寬巷子—窄巷子—杜甫草堂

　　騎自行車來到成都目前唯一遺留下來的清朝古街
道——寬巷子、窄巷子。進寬巷子，出窄巷子，你會
發現成都的老街赫然展現在眼前。古老的房屋、窄小
的石子路、一連串的小吃店，讓人感覺悠閒、自在。

平房，兩扇或四扇開的大門，斑駁的鏽跡陳述着它們
的歷史，門兩側有石墩。門楣上雕有金瓜、佛手等吉
祥物，張牙舞爪的麒麟在屋脊上與飛揚的屋角相映成

趣。很多人家的屋簷下都有籠中鳥在歌唱。四合院內
的人家都種有各種植物，有竹有樹有花，綠綠的藤蔓
爬滿矮牆。看完成都古老的四合院民居。然後騎自行
車參觀唐代大詩人杜甫的故居——杜甫草堂。當年詩
人杜甫寓居於此，3年間寫下500多首膾炙人口的詩篇，
隨後飄然南下，留下這一月白風清的草堂。

　　午餐：成都名小吃——龍抄手、鍾水餃、夫妻肺
片、酸辣粉等

　　下午：春熙路、天府廣場、望江公園、府南河

　　逛一逛成都繁華的春熙路、總府路、天府廣場，
看一看成都現代化的一面，也可坐一坐具有濃厚川西

風味的四川茶館，聽一聽四川人擺龍門陣，之後遊覽
國內外名竹薈萃之地——望江公園。這裏是紀念唐代
著名女詩人薛濤的名勝之地，岸邊楊柳依依，園內翠
竹濃蔭。公園占地12萬平方米，大部分地面被竹林覆

蓋，是國內名竹薈萃之地，因此被稱爲竹的世界。再
慢悠悠地騎自行車沿着曾榮獲聯合國人居獎的府南河
參觀遊覽，其中最著名的景點有合江亭、活水公園等。

晚餐: 在成都的大街小巷找一家成都的特色火鍋店, 品一品麻辣的滋味; 或者去最有成都特色的路邊店——麻辣燙小火鍋, 每人花費不過20元左右, 一定讓您燙得安逸, 辣得過癮。

夜間: 到"蜀風雅韻"一邊聽戲, 一邊喝茶。看一看川劇吐火、變臉絕技

費用估計: 120元／人左右

## (二) 古蜀文明一日遊

推薦理由: 展示古蜀文明、享受成都美食。

上午: 金沙遺址—杜甫草堂—青羊宮

首先來到位於成都西邊的金沙遺址, 這是四川省繼三星堆之後最爲重大的考古發現, 也是新世紀中國第一個考古發現。代表了3000多年前的古蜀文明。然後來到杜甫草堂, 這裏是唐代詩人杜甫流寓成都時的故居。"草堂"內古典式的園林建築, 帶着濃鬱的文化氣息。再來到青羊宮, 青羊宮離草堂很近, 是成都市內建築年代最久遠、規模最大的一座道教勝地。它雖爲唐代興建, 但宮內現存建築三清宮、鬥姥殿、混元殿、靈祖樓、紫金臺、八卦亭等都是清代重建。最引人注目的是三清殿內兩隻銅羊: 一隻雙角羊, 一隻單角羊。

午餐: 青羊宮對面的成都名小吃"陳麻婆豆腐", 還有"龍抄手""鍾水餃""韓包子""賴湯圓"等。

下午：水井坊—古蜀船棺

水井坊的發掘填補了我國酒坊專題考古研究的空白，堪稱中國白酒的無字天書；古蜀船棺2000年7月驚現商業街，被列爲2000年度全國10大考古發現。

晚餐：成都的川菜歷史悠久，它和魯、蘇、粵菜一起，被列爲中國四大菜系。建議到"巴國布衣""鄉老坎"等川菜館全面感受川菜的麻辣、椒鹽、糖醋、酸辣、五香、怪味等多種口味；或到火鍋店去麻辣一下。

夜間：漫步美麗的府南河邊，來到合江亭，音樂廣場等地休閒，也可去坐茶館、聽川劇、擺擺"龍門陣"。

費用估計：140元／人左右

## （二）訪古休閒一日遊

推薦理由：展示唐代成都的風采

上午：望江公園—大慈寺—文殊院。觀薛濤文物展，也可以在翠竹林覆蓋的望江公園中品茶休閒。再乘車來到大慈寺。該寺爲唐代古刹，寺內有成都歷史博物館，有唐代文物展廳。而且，大慈寺內的木桌、竹椅，以及長鼻子的銅水壺，可令你充分感受成都茶文化。

然後，來到位於城北的文殊院街。這裏是市區內保存最完整的一座佛教寺院。文殊院內收藏了豐富多彩的佛教文物、銅鑄、鐵鑄、彩塑、木雕、石刻，共

計有450多尊。院內還珍藏有唐玄奘的頭蓋骨殘片，印度梵文《貝葉經》，日本的鎏金經筒，以及宋、元、明、清以來各朝名家書畫。

午餐：在文殊院品嚐素齋。

下午：飯後驅車往北，沿成彭公路行駛25公里至新都縣新繁鎮，遊鎮內全國唯一保留至今的唐代園林東湖公園。據史籍記載，該湖爲唐代名相李德裕在新繁當縣令時所建，後經北宋王安石父親王益德擴建，佈局精巧，山水相依，樓閣秀挺，景色清幽。遊人可觀賞碑刻、楹聯，或品茗休閒。

晚餐：新繁可以説是集川西名菜之大成，新繁鎮內一般的餐館味道都不錯，價格也不貴。

費用估計：200元／人左右

國家圖書館出版品預行編目資料

天府成都／少君著.--初版.--臺北市：
蘭臺，2006〔民95〕
　　面；　公分

ISBN　978-986-7626-38-7（平裝）

1.四川省成都市　歷史與遊記
2.四川省成都市　人文　3.四川省成都市　歷史

672.70/101.6　　　　　　　　　　06022034

# 天府成都

作　　　者：少君
發　行　人：盧瑞琴
出　版　者：蘭臺出版社
地　　　址：臺北市中正區懷寧街74號4樓
電　　　話：(02)2331-1675　　傳真：(02)2382-6225
編　　　輯：周英
攝　　　影：成宣
校　　　對：張建民、張加君
總　經　銷：蘭臺網路出版商務股份有限公司
地　　　址：北市中正區懷寧路74號4樓
電　　　話：(02)2331-0535　　傳真：(02)2382-6225
網 路 書 店：http://www.5w.com.tw
　　　　　　http://www.books.com.tw
E - m a i l：lt5w.lu@msa.hinet.net
香港總代理：香港聯合零售有限公司
地　　　址：香港新界大蒲汀麗路36號中華商務印刷大樓
　　　　　　C&C　Building, 36,Ting　Lai　Road, Tai　Po,New Territories
電　　　話：(852)2150-2100　　傳真：(852)2356-0735
出 版 日 期：2006年12月初版
定　　　價：新臺幣300元整

ISBN-13：978-986-7626-38-7
ISBN-10：986-7626-38-9